Barbara Broers / Birgit Pauls

DATENDIEBE

So schützen Sie sich vor den modernen Raubrittern

Barbara Broers / Birgit Pauls

DATENDIEBE

So schützen Sie sich vor den modernen Raubrittern

1. Auflage 2008

Bibliografische Information der Deutschen Bibliothek

Die Deutsche Bibliothek verzeichnet diese Publikation in der Deutschen Nationalbibliografie; detaillierte bibliografische Daten sind im Internet über http://dnb.ddb.de abrufbar.

ISBN 978-3-8370-6722-4
1. Auflage 2008

Herstellung und Verlag: Books on Demand GmbH, Norderstedt
Covergestaltung: 3base GbR, www.3base.de

Inhaltsverzeichnis

Vorwort 9

Hurra – Sie haben gewonnen! 13

Dumm gelaufen 13

Gewinnspiele am Telefon 17

Abzocke bei Gewinnspielen im   Internet21

Die Fischer im Internet 29

Post von der Bank 29

Anlage: Viren, Würmer und Trojaner....... 38

Jobangebot: Finanzverwalter 45

Penisverlängerung, Viagra & Co. 53

Die Härtefälle 53

Die relativ harmlosen Spams 58

Kostenlose E-Mail Accounts 63

Wo hält sich mein Partner gerade auf? 69

Datendiebs Festmahl: Alte Festplatten 79

Austausch im Web – Foren und Chats........85

Foren 85

Chats 87

Wer bin ich? Mein Profil in sozialen Netzwerken...91

Auskunft, Änderung & Co. – Ihre Rechte als Betroffener 101

Wie ist bei einem Auskunftsersuchen vorzugehen? 104

Was tun bei Auskunftsverweigerung?.....106

Spezial: Die Kindersicherung fürs Internet 109

Anhang 113

Musterschreiben 113

Werbewiderspruch............................113

Auskunftsersuchen 114

Widerspruch gegen unberechtigte Abbuchung vom Konto....................115

Auszüge aus Gesetzestexten 116

Gesetz gegen den unlauteren Wettbewerb
(UWG) 116

Bundesdatenschutzgesetz (BDSG) 118

Datenschutzadressen......................... 142

Weitere nützliche Adressen................. 149

Die Autorinnen.................................. 152

Liebe Leserinnen und liebe Leser!........... 153

Vorwort

Anfang der 80er Jahre des letzten Jahrhunderts liefen Datenschützer und Bürger Sturm gegen die geplante Volkszählung. Schnell kam heraus, dass der anonymisierte Fragebogen Rückschlüsse auf einzelne Personen zuließ. Das Bundesverfassungsgericht wurde angerufen und erließ 1983 das Volkszählungsurteil, das den Bürgern das Recht auf „informationelle Selbstbestimmung" einräumte:

"Jeder kann selbst über die Weitergabe und Verwendung persönlicher Daten entscheiden, er kann bestimmen, in welchen Grenzen Lebensumstände zu offenbaren sind. Dieses Recht bedarf unter den Bedingungen der modernen Datenverarbeitungsmöglichkeiten des besonderen Schutzes."

Heute, rund 30 Jahre nach Inkrafttreten des Bundesdatenschutzgesetzes (BDSG), sind Datenschutzverletzungen an der Tagesordnung. Nicht nur die jüngsten Skandale der Bespitzelung und Videoüberwachung von Mitarbeitern im Einzelhandel, die Zunahme von Spams, der Missbrauch von Kundendaten, auch die Überwachung von staatlicher Seite zeigen dies deutlich.

Woran liegt das? Sicherlich nicht daran, dass die Datenschutzgesetzgebung nicht ausreichend ist. Es liegt vielmehr unter anderem daran, dass die Datenschutzaufsichtsbehörden über zu wenig Personal verfügen und von Seiten der Politik immer wieder versucht wird, den Datenschutz zu Gunsten eines höheren Sicherheitsstandards einzuschränken. Zunehmend ignorieren Unternehmen den Datenschutz und bombardieren die Bürger mit Werbung, oftmals mit kriminellem Hintergrund. Zudem pochen die Bürger selbst zu selten auf ihre Rechte, was zu einem großen Teil daran liegt, dass viele ihre Rechte schlicht nicht kennen. Oftmals wird der Datenmissbrauch erst dann bemerkt, wenn bereits ein Schaden eingetreten ist – und dann steht der betroffene Bürger vor der Frage, wie er sich wehren kann.

Das vorliegende Buch zeigt die typischen Situationen auf, in denen Datendiebe legal, halblegal und illegal versuchen, an unsere Daten zu gelangen. Es beschreibt, welchen Antrieb und Nutzen der Datensammler hat, gibt einen Überblick über die Rechtslage und erklärt, wie sich der Betroffene, also Sie – der Bürger, um dessen persönliche Daten es geht – sich gegen den Missbrauch wehren kann. Ein abschließendes Kapitel gibt einen kurzen Überblick über die Gesetze zum Datenschutz,

Musterschreiben runden dieses Werk zum Schutz Ihrer Privatsphäre ab.

Abschließend noch ein Hinweis: Dieses Buch wendet sich gleichermaßen an männliche und weibliche Leser. Aus Gründen der Vereinfachung und der besseren Lesbarkeit haben wir überwiegend die männliche Form gewählt.

Barbara Broers & Birgit Pauls

Hamburg / Tönning im Oktober 2008

Dumm gelaufen

Abends klingelte wieder einmal das Telefon. Hocherfreut nahm ich den Anruf nach einem langen Arbeitstag an, in der Hoffnung, dass es meine Freunde seien, die mit mir einen netten Abend im Biergarten verbringen wollten.

Doch weit gefehlt: Eine freundliche Dame erklärte mir, dass DER Computer mich als Gewinner ermittelt habe.

Ihren Namen nannte sie nicht. Da ich aber die Menschen, mit denen ich mich unterhalte, gerne namentlich anspreche, fragte ich nach. Sie nuschelte irgendetwas Unverständliches. Auch nach der zweiten und dritten Rückfrage konnte ich ihren Namen nicht verstehen. Nun gut – da ich gut gelaunt war, legte ich nicht sofort auf.

Stattdessen bat ich sie, mich mit dem Datenschutzbeauftragten ihres Unternehmens zu verbinden. Die Antwort kam sehr spontan:

„So etwas haben wir hier nicht!"

Ich vermutete allerdings, dass das Unternehmen zur Bestellung eines betrieblichen Datenschutzbeauftragten verpflichtet sein müsste, allein schon deshalb, weil CallCenter doch meist mehr als 9 Mitarbeiter einsetzen, die mit personenbezogenen Daten arbeiten. Und schon rutschte es mir heraus:

„Sie müssen aber einen Datenschutzbeauftragten haben."

Die sehr skeptische Erwiderung der Dame, die sich sichtlich Mühe gab, freundlich zu bleiben:

„Was wollen Sie denn von dem?"

„Ich möchte gerne wissen, welche Daten Sie über mich gespeichert haben und woher diese Daten stammen."

Ihre Antwort – diesmal deutlich unfreundlicher:

„Das geht Sie gar nichts an!"

Als Datenschützerin kann man auch in seiner Freizeit einfach nicht anders: Geduldig versucht man immer wieder, alle Menschen in seinem Umfeld für den Datenschutz zu sensibilisieren (manchmal sogar mit Erfolg). Ich startete also einen weiteren Versuch und erklärte ihr, dass ich nach § 34 BDSG ein Recht auf diese Ankunft hätte. Nun wurde sie noch etwas lauter und sagte mir, dass ich keinerlei Rechte hätte, da ich schließlich im Gewinncomputer gespeichert sei.

„Interessant", dachte ich mir, gab aber nicht auf. Ich bat um eine Adresse, bei der ich nachfragen könnte, welche Daten über mich in dem ominösen Gewinncomputer gespeichert seien.

Die prompte Antwort: „Computer haben keine Adressen."

Aus meiner Sicht konnte diese Antwort nicht ganz richtig sein: Zumindest eine IP-Adresse würde der Computer ja wohl besitzen – und ganz sicher auch einen Standort in einem Gebäude.

Ich hatte meinen besonders geduldigen Tag und – ich gebe es ja zu – ein bisschen berufliche Neugier war auch dabei. Deshalb wurde ich jetzt etwas präziser bei meiner Frage:

„Der Computer wird ja wohl einen Besitzer haben. Und die Adresse des Besitzers hätte ich gerne, damit ich ihn anschreiben kann."

Damit hatte ich den Bogen sichtlich überspannt. Meine Gesprächspartnerin schrie ins Telefon, so dass mir fast das Trommelfell platzte:

„So etwas Unverschämtes habe ich noch nie erlebt! So etwas muss ich mir nicht bieten lassen!"

Dann legte sie auf, ohne sich zu verabschieden oder mir gar zu erzählen, was ich denn nun gewonnen hätte.

Und ich fragte mich: „Wieso eigentlich Unverschämtheit? Wer hat eigentlich wen angerufen und seine Zeit gestohlen?"

Dies ist eine wahre Geschichte. Nichts daran ist erfunden, obwohl einiges kaum zu glauben ist. Stattgefunden hat das Gespräch Anfang 2007. Angerufen wurde eine der Autorinnen dieses Buches.

Wie solche Gespräche aber normalerweise ablaufen, können Sie in den nächsten Kapiteln lesen.

Gewinnspiele am Telefon

Das Telefon klingelt, zu hören ist eine angenehme Stimme, die zwar vom Band kommt, aber eine erfreuliche Botschaft verkündet: „Sie haben gewonnen! Rufen Sie gleich die folgende Rufnummer an, um zu erfahren, was Sie gewonnen haben und um die Modalitäten für die Gewinnübergabe zu klären. Wir freuen uns auf Sie und gratulieren herzlich."

Die genannte Telefonnummer fängt mit der Kennung 0190 oder 0137 an? Dann gratulieren auch wir Ihnen herzlich! Sie haben nämlich auf jeden Fall gewonnen – und zwar die Erfahrung, dass es sich bei diesen Kennungen um gebührenpflichtige Rufnummern handelt! Von 49 Cent bis zu 60 Euro kann Sie dieses Telefonat kosten – je nachdem, wie lange es Ihrem Gesprächspartner am anderen Ende der Leitung gelingt, Sie in der Leitung zu halten. Zunächst einmal brauchen Sie viel Geduld, um über eine schier endlose Bandansage überhaupt erstmal einen „echten" Menschen an den Hörer zu bekommen. Dieser äußerst gut geschulte – und sehr, sehr nette – Mensch zögert das Gespräch heraus. Und zwar so lange, bis sein Planziel erreicht ist, zum Beispiel die Erforschung Ihrer Kontonummer, Ihrer Adresse und Ihres Geburtsdatums. Legt der Nepper es auf die Telefongebühren an, wird er Sie solange in ein Gespräch verwickeln oder immer wieder zu einer anderen Person weiter vermitteln, bis Sie selber merken, dass Sie wohl einem Betrüger aufgesessen sind und entnervt auflegen.

Das wissen Sie alles? Sie würden nie und nimmer eine 0190er oder 0137er Rufnummer anrufen? Sie wissen durch Berichte im Fernsehen oder aus der Zeitung, dass es sich hier um Abzocke handelt? Und in Ihrer Gewinnmitteilung werden Sie auch gar nicht aufgefordert, eine solche kostenpflichtige Rufnummer zu wählen, sondern eine ganz normale, vielleicht sogar kostenlose Telefonnummer? Vorsicht – auch hier ist Obacht geboten! Im Verlauf des folgenden Telefonates werden Sie durch ein Menü geführt, dass Sie auffordert, eine bestimmte Taste auf Ihrem Telefon zu drücken, zum Beispiel mit folgender Bandansage: „Sie möchten einen Gewinn einlösen? Dann drücken Sie bitte die sechs." Was Sie nicht ahnen können: Durch den Tastendruck wird Ihr bis dahin kostenloses Gespräch auf eine teure 0900er Nummer umgeschaltet, ohne dass Sie etwas davon bemerken! Das Perfide: Selbst wenn Sie Ihren Anschluss für die Nutzung gebührenpflichtiger Rufnummern gesperrt haben, funktioniert dieses sogenannte „Tastendruck-Modell" – durch das Drücken der Taste bestätigen Sie dem Telefonanbieter Ihre Zustimmung.

Vielleicht geht es dem Betrüger aber auch gar nicht um die Gebühren, sondern um Ihre ganz persönlichen Daten. Natürlich gibt man jemanden gerne seine Bankverbindung preis, damit der angebliche Gewinn überwiesen werden kann! Oftmals besteht der Gewinn auch aus einer Woche freier Übernachtung im Luxushotel, natürlich Hunderte Kilometer von Ihrem Wohnort entfernt. Das passende Flugticket wird Ihnen zum Vorzugspreis gleich mit verkauft. Einen Vorzug hat das Ganze tatsächlich – und zwar für den Reiseveranstalter, der mit solch unlauteren Methoden arbeitet. Am Urlaubsort angekommen, werden sie nämlich bei einer Unterhaltung mit Ihrem Tischnachbarn im Hotel schnell merken, dass das vermeintlich günstige Flugticket teurer war, als wenn Sie Flug und Hotel zusammen bei einem anderen Reiseveranstalter gebucht hätten.

Wem nützt es?

Ganz klar den Gaunern, die sich an den eingetriebenen Gebühren bereichern. Ganz nebenbei dienen solche Anrufe allerdings auch den Telefonanbietern, die dadurch ebenfalls einen netten Nebengewinn einheimsen. Der unseriöse Reiseveranstalter bringt sein noch offenes Kontingent zu einem horrenden Preis an den Mann oder die Frau, Kontobetrüger nutzen Ihre persönlichen Daten und Ihre Bankverbindung für Einkäufe im Internet oder für die Abbuchung Ihrer Geldbestände.

Wie können Sie sich schützen?

In dem Sie nie – aber auch wirklich niemals – auf solche Art angebotene Gewinne oder Rufnummern reagieren! Prüfen Sie zunächst einmal, ob Sie überhaupt an dem genannten Gewinnspiel teilgenommen haben. Ein seriöser Anbieter von Gewinnspielen wird Sie niemals auffordern, ihn zurück zu rufen. Üblicherweise werden Sie schriftlich über einen Gewinn informiert. Oftmals gibt es auch Verlosungen in den örtlichen Tages- oder Wochenzeitungen, sollten Sie dabei gewonnen haben, werden Sie vielleicht auch angerufen. Sollten Sie unsicher sein, ob nicht vielleicht ein anderes Familienmitglied für Sie an der Verlosung teilgenommen hat, um Ihnen eine freudige Überraschung zu breiten, bieten Sie einen kurzen Rückruf an, um festzustellen, ob da wirklich das Wochenblatt am anderen Ende der Leitung ist. Seriöse Veranstalter werden immer dafür Verständnis haben, dass Sie auf Nummer sicher gehen wollen.

Die Bundesnetzagentur hat inzwischen das oben beschriebene „Telefontasten-Modell" verboten, was kriminelle Bauernfänger natürlich nicht davon abhält, es trotzdem zu versuchen – zum Beispiel über Telefonanbieter aus dem Ausland. Diese sind zwar bei Anrufen in Deutschland ebenfalls an die deutschen Datenschutzgesetze gebunden, dieses Recht ist allerdings im außereuropäischen Ausland nur schwer einzuklagen.

Abzocke bei Gewinnspielen im Internet

Wer stöbert nicht gerne im Internet nach interessanten Beiträgen oder für die Recherche nach dem preisgünstigsten Angebot für die nächste Shoppingtour? Eine schöne Sache, um schnell und ausführlich an die gewünschten Informationen zu kommen – wenn da nur nicht die lästigen Popup-Fenster wären! Kaum hat man den ersten interessanten Satz auf der angewählten Website ins Auge gefasst, schon öffnet sich ein weiteres Fenster mit folgendem Text:

> Kein Scherz!
>
> Sie sind unser 999.999er Besucher! Jetzt online um 09:38 Uhr!
>
> Wir gratulieren!!! Sie wurden soeben von unserem unabhängigen Zufallsprogramm als Exklusivgewinner eines 4-Sterne-Zypern-Urlaubs ausgewählt – aus allen Gewinnern, die gerade online sind!
>
> Sonderverlosung:
> Gold im Wert von 20.000 €!
>
> >> Hier klicken <<

Jetzt haben Sie die freie Wahl:

Erstens: Sie freuen sich tierisch und klicken umgehend auf den angegebenen Link. Dieser führt Sie zu einer Seite des Gewinnspielanbieters, die einen durchweg seriösen Eindruck macht. Sie müssen nur noch schnell Ihren Namen, Ihre Anschrift, Ihr Geburtsdatum, Telefonnummer und E-Mail–Adresse in ein Online-Formular eintragen und schon bekommen Sie Ihren Gewinngutschein für die Zypernreise zugeschickt. Weiterhin ist auf der Seite noch der Hinweis zu finden, dass Sie an der Sonderverlosung für das Gold automatisch teilnehmen, die Auslosung erfolgt zum Jahresende und Sie werden über einen Gewinn telefonisch benachrichtigt.

Der Gewinnspielbetreiber erklärt auf seiner Website außerdem ausführlich, dass er Ihre Daten selbstverständlich nicht an Dritte weiter gibt, diese werden nur an die Sponsoren der Gewinne übermittelt. Auch eine Liste mit diesen Sponsoren ist aufgeführt: Rund fünfzig namhafte Unternehmen, vom Reiseveranstalter über den Buchclub bis hin zu bekannten Versandhausunternehmen sind hier gelistet. Na prima, denken Sie sich, bei solch seriösen Unternehmen wird schon alles mit rechten Dingen zugehen.

Noch am selben Tag erhalten Sie einen Anruf des Gewinnspielbetreibers, der Ihnen herzlich gratuliert und Ihnen nochmals bestätigt, dass der Reisegutschein bereits an Sie unterwegs ist. Der nette Mann erklärt Ihnen außerdem, dass Sie mit einem äußerst geringen Einsatz an 200 Gewinnspielen teilnehmen können, bei denen täglich eine Million Euro ausgeschüttet wird. Das Ganze kostet Sie nichts, es würde nur eine kleine Bearbeitungsgebühr fällig. Und ein zweites Familienmitglied dürfte sogar mitspielen, ganz ohne Bearbeitungsgebühr. Dafür bräuchten Sie nur den Vor- und Zunamen und das Geburtsdatum Ihres Familienmitgliedes zu nennen. Das Geburtsdatum diene nur dazu, die Geschäftsfähigkeit festzustellen. Danach nähmen Sie gemeinsam sogar an insgesamt 400 Gewinnspielen teil, ohne etwas dafür tun zu müssen. Dafür bräuchte er nur noch Ihre Bankverbindung. Skeptisch wenden Sie ein, dass Sie Ihre Bankverbindung grundsätzlich nicht per Telefon bekannt geben, aber Ihre Zweifel werden schnell ausgeräumt – das wäre ja schließlich keine Einzugsermächtigung und wenn Sie binnen vierzehn Tagen nach Erhalt der Unterlagen wider Erwarten doch nicht mitmachen wollten, könnten sie das Geld ganz einfach mit einem Anruf bei der Bank wieder zurückholen. Außerdem gäbe es ja eine Gewinngarantie: Wenn Sie in einem halben Jahr nichts gewonnen haben, wird Ihnen die komplette Bearbeitungsgebühr erstattet. Beruhigt geben Sie Ihre Kontodaten bekannt.

Nur wenige Tage später schon erhalten Sie Ihren Gewinngutschein für den 4-Sterne-Urlaub. Er beinhaltet: Einen Fluggutschein und acht Übernachtungen im Doppelzimmer in einem schönen Hotel auf Zypern. Sie fangen an zu grübeln: Wer möchte schon gerne seinen Urlaub mit einem völlig Fremden im Doppelbett verbringen? Dann bezahlen Sie doch lieber einen Einzelzimmerzuschlag! Leider ergibt der Anruf bei der Hotline des Reiseveranstalters, dass schon alle Einzelzimmer in dem von Ihnen gewünschten Zeitraum belegt sind …. Sie könnten aber ein Doppelzimmer zu Alleinnutzung buchen, für den Preis von 180,00 Euro pro Nacht. Das ist Ihnen dann doch zu teuer! Die freundliche Dame am Telefon hat aber noch eine andere Lösung für Sie: Nehmen Sie doch einfach Ihren Partner oder eine Freundin mit, das ist dann ja ein supergünstiger Urlaub zum halben Preis, da ja quasi nur einer zahlt. Ausnahmsweise könnte Sie die Übernachtung für Ihren Partner für 140,00 Euro pro Nacht anbieten, da hätten Sie dann schon mal 160,00 Euro gespart! Fehlt noch ein Flugticket, aber auch das hat die Dame gerade im Angebot: Für nur 560,00 Euro fliegt Ihr Partner mit. Sicher möchten Sie auch gleich das günstige Verpflegungsangebot? Die Halbpension gibt es schon für 30,00 Euro pro Person!

Gesagt, getan? Vorsicht! Recherchieren Sie vor der Buchung doch mal, was eigentlich so ein 4-Sterne-Zypern-Urlaub bei anderen Reiseveranstaltern kostet. Schnell wird sich heraus stellen, dass vergleichbare Angebote wesentlich billiger zu haben sind:

In Ihrem Reisebüro um die Ecke erhalten Sie folgendes Angebot:

- ✓ 2 Flugtickets nach Zypern und zurück: 480,00 Euro
- ✓ 8 Übernachtungen für zwei Personen im Doppelzimmer inkl. Halbpension: 640,00 Euro
- ✓ Zypernurlaub für 2 Personen insgesamt: 1.120,00 Euro

Der Vergleich mit Ihrem Gewinn:

- ✓ 1 Flugticket nach Zypern: 560,00 Euro
- ✓ 8 Übernachtungen für Ihren Partner: 1.120,00 Euro
- ✓ Halbpension für 2 Personen: 240,00 Euro
- ✓ „Gewonnener" Zypernurlaub für 2 Personen: 1.920,00 EUR

Schnell merken Sie, woraus die Abzocke besteht: Nämlich darin, Ihnen Reisen zu völlig überhöhten Preisen anzudrehen! Im schlimmsten Fall wird das Reiseunternehmen dabei allerdings nicht nur sein Reisekontingent los, es könnte auch Ihre persönlichen Daten samt Bankverbindungen weiter verkaufen und damit je nach „Wert" der Daten noch ein erkleckliches Sümmchen dazu verdienen. Auf diese Art werden Ihre Daten dann von einem Unternehmen zum anderen weiter gegeben und erfahren dabei eine ungeahnte Mehrfachnutzung. Und Sie ahnen nicht einmal, woher auf einmal diese ganzen Werbebriefe, Spams und Anrufe kommen!

Leider kommt aber noch etwas Unangenehmes auf Sie zu: Beim Lesen Ihrer Kontoauszüge stellen sie entsetzt fest, dass für ihre Teilnahme an Gewinnspieleinträgen durch die Firma Maxgewinn eine Bearbeitungsgebühr in Höhe von 89,80 Euro abgebucht wurden.

Nun gut, denken Sie sich – wenn ich nichts gewinne, bekomme ich die Bearbeitungsgebühr ja wieder. Tatsächlich bekommen Sie aber nach fünf Monaten eine Gewinnauszahlung auf Ihrem Konto gutgeschrieben: Bei einer Verlosung haben Sie genau 2,50 Euro gewonnen … und damit die Bearbeitungsgebühr verloren.

Aber natürlich gibt es wie meistens im Leben auch eine zweite Möglichkeit:

Lesen sie sich den Text des Popup-Fensters erst einmal genau durch: Dort ist zu lesen, dass Sie der 999.999 Besucher sind. Mal ganz ehrlich: Normalerweise wird doch derjenige zum Gewinner gekürt, der die Million voll macht! Außerdem müsste eine Website schon sehr erfolgreich sein, um so viele Besucher zu erhalten. Doch weiter im Text: „Sie wurden soeben von unserem unabhängigen Zufallsprogramm als Exklusivgewinner eines 4-Sterne-Zypern-Urlaubs ausgewählt – aus allen Besuchern, die gerade online sind!" Was denn nun? Ein Zufallsgewinn oder doch der 999.999 Besucher? Hier hätte sich der Abzocker schon entscheiden müssen, ob er sein so unabhängiges Zufallsprogramm entscheiden lässt oder doch lieber die Besucherzahl. Das Zufallsprogramm ist übrigens tatsächlich völlig unabhängig: Es wählt nämlich jeden aus, der sich auf die Website verirrt! Bei solch klar erkennbaren Ungereimtheiten entscheiden Sie sich besser dafür, auf Ihren „Gewinn" zu verzichten und schließen umgehend das Popup-Fenster. Und können endlich in Ruhe auf der Website weiter lesen, die Sie ursprünglich angeklickt hatten ...

Die dritte – und weitaus schmerzloseste Variante:

Sie möchten wirklich nur die Websites besuchen, die Sie auch angewählt haben? Die lästigen Popup-Fenster nerven Sie? Dann wählen Sie in Ihrem Browser die Internetoption „Popup-Blocker einschalten"! Dort können Sie auch festlegen, ob Sie die Popup-Fenster von bestimmten Websites zulassen möchten oder alle Fenster dieser Art sperren möchten.

Post von der Bank

Schon lange hatte ich überlegt, ob ich Online-Banking wagen soll. Meine Freunde lachten mich schon aus, weil ich meine Überweisungsträger noch immer brav handschriftlich ausfüllte und zur Bank trug. Wenn ich meinen Kontostand erfahren wollte, musste ich auch jedes Mal raus aus meiner Wohnung und mich zur Bank bewegen. Meine Freunde dagegen kannten Ihren Kontostand auf den Tag genau. Ich informierte mich stattdessen höchstens einmal wöchentlich oder musste täglich zur Bank laufen, wenn ich auf einen Geldeingang wartete, eine Rechnung dringend bezahlt werden wollte oder ich mir etwas Nettes kaufen wollte.

Als meine Bank dann auch noch die Filiale in unserer Stadt schloss, gab ich mich geschlagen: Ich beantragte Online-Banking.

Zunächst einmal kam viel Papier: Neben vielen Erläuterungen und Vertragsbestandteilen auch meine Benutzerkennung und ein Anfangspasswort, das ich dringend sofort ändern und geheim halten sollte. Himmel – welcher Gedächtniskünstler kann sich nur so viele

Geheimzahlen und Passwörter merken, wie sie heute von einem Normalsterblichen gefordert werden? Zum Glück wechsle ich meine Männer nicht so oft. Also wurde der Name meines Liebsten – wie immer – zu meinem Passwort.

Dann war da noch diese elend lange Liste mit den einhundert TAN-Nummern. Sie dienen zur Bestätigung meiner Transaktionen, hieß es, wer oder was auch immer eine Transaktion sein mochte.

Nach mehreren Versuchen klappte es dann endlich: Ich war mit meiner Bankverbindung online!

Ein paar Wochen später, beim Abruf meiner E-Mails, erhielt ich auch eine E-Mail meiner Bank. „Ups", dachte ich. „Ist etwa mein Konto überzogen?" Aber nein – das konnte eigentlich nicht sein. Das Gehalt war gerade überwiesen und für den Urlaub war auch schon einiges angespart.

Neugierig öffnete ich die E-Mail. Meine Bank teilte mir mit, dass es viele Betrüger im Internet gäbe.

„Stimmt!" sagte ich mir. „Davon habe ich auch schon gehört."

Meine Bank wollte mich nun also vor den Betrügern im Internet schützen.

„Sehr lobenswert!" dachte ich mir. „Sie bieten doch noch einen gewissen Service, obwohl ich in letzter Zeit fast nur noch mit Automaten und Computern und weniger mit den Menschen dort zu tun hatte."

Die Bank hat ihre Software verbessert, stand da in der E-Mail weiterhin zu lesen. Durch diese neue Software, die viel sicherer wäre, würden alle bestehenden Zugänge für Online-Banking innerhalb des nächsten Monats abgeschaltet. Um weiterhin Online-Banking zu betreiben, sei es dringend erforderlich, sich bei der Internetseite der Bank anzumelden und für den neuen Zugang freischalten zu lassen.

„Gut", sagte ich mir. „Bevor ich es vergesse und den Zugang noch einmal neu beantragen muss, mache ich es doch besser gleich."

Netterweise war in der E-Mail auch gleich der Link auf die Internetseite der Bank angegeben. Ich gab meine Benutzerkennung und mein Passwort ein und wurde dann aufgefordert, meinen Namen, meine Kontonummer, die Bankleitzahl und alle noch nicht verwendeten TANs auf der Seite zu erfassen. War eine ziemliche Arbeit, diese Nummern alle einzutippen. Aber was tut man nicht alles für seine Sicherheit? Zufrieden schaltete ich anschließend den PC aus.

Drei Tage später kam ein Schreiben von meiner Bank: Mein Konto sei über den vereinbarten Kreditrahmen hinaus überzogen und man bitte dringend um Ausgleich. Sollte ich mich in einem kurzfristigen Liquiditätsengpass befinden, dürfte ich gerne einen Termin mit meinem Kundenberater vereinbaren, um gemeinsam nach einer Lösung zu suchen.

Ich war verwirrt. Bei der letzten Überprüfung meines Kontostands hatte ich noch ein angenehmes Guthaben auf dem Konto. Seitdem hatte ich einmal einhundert Euro am Geldautomaten abgehoben, aber keine Überweisungen getätigt. Waren vielleicht irgendwelche Versicherungen fällig, die ich ganz vergessen hatte, weil ich ja eine Einzugsermächtigung erteilt hatte?

Ich schaltete meinen PC an, rief den Kontostand auf und fiel fast vom Stuhl – tiefrote Zahlen, und zwar ziemlich hohe! Entsetzt schaute ich mir die Kontobewegungen an: Dort gab es eine große Überweisung auf das Konto eines Menschen, den ich überhaupt nicht kannte. Danach dann noch die Abbuchung meiner Stromrechnung, die dann den

Dispo zum Überlaufen brachte und das Schreiben der Bank auslöste.

Sofort war mir klar: Die Bank hatte wohl Mist gebaut. Stinksauer vereinbarte ich einen Termin mit meinem Kundenberater, um ihm meine Meinung zu sagen.

Im Gespräch mit dem Kundenberater fiel ich dann allerdings aus allen Wolken. Er erklärte mir, dass die Bank keinen Buchungsfehler gemacht hätte. Ich selbst hätte die Überweisung per Online-Banking getätigt. Es sei eine ganz normale Transaktion gewesen, die korrekt mit einer gültigen TAN bestätigt worden war.

Ich bekam einen Tobsuchtsanfall, sagte ihm, dass ich seit Wochen keine Überweisungen mehr getätigt hätte, insbesondere nicht, seit die Bank auf die neue Software umgestellt habe. Das müsse wohl ein Programmfehler in der neuen Software sein.

Mein Kundenberater horchte auf. „Wieso neue Software?"

Oh, nein, warum sind Banker nur immer so begriffsstutzig? Ich erklärte es ihm. Schon blöd, wenn die Banken ihre eigenen Mitarbeiter nicht über solche Änderungen informieren.

„Tut mir leid", hörte ich ihn sagen. „Da sind Sie einem Betrüger aufgesessen."

Ich wurde blass, nahm dankbar wahr, wie er eine Flasche Cognac aus dem Schreibtisch holte und mir ein Glas einschenkte. Ich nahm einen großen Schluck und hörte wie aus weiter Ferne seine Stimme, die mir erklärte, was geschehen war.

Wem nützt es?

Das Internet ist anonym. Früher standen Trickbetrüger und Taschendiebe ihren Opfern Auge in Auge gegenüber. Heute ist es sehr einfach, Menschen, die Tausende Kilometer entfernt sind, auszuräubern, ohne jemals persönlichen Kontakt zu ihnen gehabt zu haben. Insbesondere kriminelle Banden aus Osteuropa nutzen diese Möglichkeit, schnell an Geld zu kommen.

Der Betrug ist schwer nachzuweisen, da es scheinbar legale Transaktionen sind, die vom Kontoinhaber selbst durchgeführt wurden. Kann dieser nachweisen, dass er es nicht war, so trifft ihn doch zumindest eine Mitschuld, da er nicht sorgsam mit Benutzerkennung und Passwort umgegangen ist, sondern sie Dritten offenbart hat. Der Weg des geraubten Geldes ist nur schwer zu verfolgen, da Zwischenstationen verwendet werden, die oft mal nicht ahnen, dass sie Mittäter bei einer kriminellen Handlung sind. Wie solche Helfer rekrutiert werden, erfahren Sie in einem späteren Kapitel.

Diese Art des Internetbetruges wird Phishing genannt: Eine Kombination aus password und fishing. Das Vorgehen ist immer wieder ähnlich: Es werden E-Mails versendet, die das Logo und den scheinbaren Absender einer Bank enthalten.

Wenn es nicht die eigene Bank ist, von der man angeschrieben wird, wundert man sich und löscht die Mail. Im anderen Fall ist man leicht geneigt, den beigefügten Link auf die Webseite der Bank anzuklicken. An dieser Stelle wird wieder die Gutgläubigkeit der Menschen ausgenutzt: Der Link führt nicht – wie im Text des Links angegeben – auf die Internetseite der eigenen Bank, sondern auf eine im Ausland betriebene Webseite, die von der Gestaltung her den Anschein erweckt, dass es die Webseite der eigenen Bank sei.

Dort werden dann alle Informationen abgefragt, die eine beliebige Person benötigt, um sich beim Online-Banking für das Konto eines wildfremden Menschen anzumelden. Durch die

Abfrage der TANs erhalten diese Betrüger dann die Möglichkeit, die von ihnen eingegebenen Überweisungen auch zu bestätigen.

Abhängig vom Kontostand der Betrogenen sind diese Summen mehr oder weniger groß. Die Menge der Opfer und die relativ geringe Wahrscheinlichkeit, erwischt und verurteilt zu werden, macht diese Art der Abzocke zu einem sehr lukrativen und ungefährlichen Geschäft.

Wie können Sie sich schützen?

Ihre Bank kann die Portalsoftware auch umstellen, ohne dass die Kunden überhaupt etwas merken. Sollte es – wie oben beschrieben – erforderlich sein, dass sich alle Kunden neu registrieren müssen, gehört der Programmierer erschossen oder zumindest entlassen.

Also: Ihre Bank wird ihnen niemals eine solche Mail schicken. In den Papierkorb damit!

Eine TAN wird statt einer Unterschrift verwendet. Dies bedeutet, dass Sie bei Aktionen, die in Papierform durchgeführt Ihre Unterschrift erfordern würden, stattdessen Ihre TAN eingeben müssen. Beispiele sind hier die Unterschrift auf einem Überweisungsträger oder einem Dauerauftrag. Eine Unterschrift pro Formular und damit auch eine TAN ist völlig ausreichend. Alles andere sollte stutzig machen.

Ist eine TAN einmal verwendet, so ist sie verbraucht. Umgesetzt auf diese seltsamen Webseiten bedeutet dies: Wann immer die TAN von meinem geheimen Blatt Papier, auf dem sie ausgedruckt sind, auf ein Formular im Internet übertragen wurde, ist sie verbraucht. Daher TANs bitte wirklich nur zur Bestätigung von Transaktionen wie Überweisungen und Daueraufträgen verwenden.

Eine einzige Ausnahme mag es geben: Einige Banken fordern bei der Änderung des Passwortes die Eingabe einer TAN zusätzlich zur Eingabe des alten Passwortes – eine doppelte Absicherung also.

Banken fragen ihre Kunden grundsätzlich niemals nach dem Passwort. Passwörter sind immer geheime Angelegenheiten eines Einzelnen, nämlich desjenigen, der das Passwort als Identifikation für sein Benutzerkonto vergeben hat. Dabei ist es völlig unerheblich, ob es sich um Online-Banking, um einen ganz normalen E-Mail-Zugang oder um den Zutritt zu einem Netzwerk handelt.

Wenn Sie eine dieser merkwürdigen E-Mails erhalten und diese von Ihrer Bank zu kommen scheint, informieren Sie auch Ihre Bank, damit Sie dem Betrug nachgehen und ggf. rechtliche Schritte einleiten kann.

Sollten Sie in den letzten Stunden, bevor Sie dieses Kapitel gelesen haben, gerade auf eine solche Mail hereingefallen sein, ändern Sie sofort Ihr Passwort bei Ihrem Online-Banking-Zugang und lassen Sie alle noch freien TANs sperren. Und: Informieren Sie Ihre Bank sofort über den möglichen Missbrauch.

Die Datenfischer beschränken sich inzwischen nicht mehr nur auf Bankkonten: Auch EBay, PayPal und Kundenkonten bei Internet-Versandhäusern werden immer mehr zum Objekt der Begierde. Auch hier gilt also:

Vorsicht – Datendiebe!

Anlage: Viren, Würmer und Trojaner

Wieder einmal schauen Sie genervt in Ihren Posteingang. Neben den üblichen Spams befindet sich dort eine E-Mail von PayPal, einem beliebten Zahlungssystem zur Abwicklung von Ebay-Auktionen und anderen Online-Käufen.

Auch Sie haben mittlerweile ein PayPal-Konto, es aber bislang selten genutzt.

In der E-Mail wird Ihnen mitgeteilt, dass sich der Preis für den letzten von Ihnen bei Ebay ersteigerten Artikel auf 28.375,67 Euro beläuft. Die PayPal Zahlung ist bereits veranlasst, der Betrag wird in Kürze von Ihrem Referenz-Bankkonto abgebucht. Die Rechnung dazu befindet sich in der beigefügten Datei als E-Mail-Anhang.

Ihre Gedanken überschlagen sich: Das kann einfach nicht sein! Der letzte Kauf bei Ebay war die Ersteigerung eines Kleidungsstücks für 7,50 Euro, ein echtes Schnäppchen. Völlig entsetzt öffnen Sie den E-Mail-Anhang, um die Rechnung zu kontrollieren. Es passiert nichts, die Rechnung ist nicht lesbar.

In den nächsten Tagen kontrollieren sie ständig mehrfach täglich den Stand Ihres Bankkontos, um dieser Abbuchung schnellstmöglich zu widersprechen. Zusätzlich antworten Sie auf die vermeintlich E-Mail von PayPal, um die Rechnung zu annullieren. Es erfolgt aber weder eine Abbuchung in der angegebenen Höhe noch bekommen Sie von PayPal eine Antwort auf Ihre Anfrage. Irgendwann halten Sie das Ganze für einen bösen Scherz und legen die Angelegenheit zu den Akten.

Was aber wirklich passiert ist, haben Sie nicht bemerkt. Doch lassen Sie uns zunächst einen anderen Fall betrachten:

Sie haben keine gefälschte Rechnung bekommen? Sie glauben, dass Ihnen nichts passiert sei und Sie sich keine Sorgen machen müssen? Klasse, da haben Sie wirklich Glück gehabt. Aber war da nicht vor einigen Tagen eine merkwürdige E-Mail von UPS? Ein Paket, das Sie über UPS versendet haben, konnte nicht zugestellt werden, weil der Empfänger unter der angegebenen Adresse nicht zu ermitteln war. In der Betreffzeile war der Hinweis zu lesen, dass die von Ihnen in Auftrag gegebene Sendung mit der Sendungsnummer 865733814 nicht zugestellt werden konnte.

Einige Tage zuvor hatten Sie Ihrer Großmutter ein Paket zum Geburtstag geschickt. Eigentlich hatten Sie dieses Paket ja bei der „normalen" Post abgegeben. Nun ja, die altbekannte gelbe Post gibt es ja in dieser Form nicht mehr. Sie vermuten, dass UPS wohl der Logistikdienstleister ist, der jetzt den Paketdienst übernommen hat. Und die konnten – aus welchen Gründen auch immer - das Geburtstagsgeschenk nicht bei Oma abgeben.

Sie schauen sich die E-Mail genauer an: „Die genaue Empfängeradresse, an die die Zustel-

lung versucht wurde, befindet sich im Anhang".

Sie machen einen Doppelklick auf die Datei im Anhang. Als sie sich öffnet, lesen Sie die Adresse eines wildfremden Menschen. War wohl doch ein Versehen von UPS. Dies bestätigt sich dann auch durch Omas Anruf kurze Zeit später, in dem sie sich überschwänglich für das Geburtstagsgeschenk bedankt.

In der ganzen Aufregung haben Sie aber leider überhaupt nicht bemerkt, dass es sich bei der von Ihnen geöffneten Datei um eine Zip-Datei handelte, die ausführbare Programme enthalten kann und immer ein hochkritischer potentieller Virenträger ist.

Wem nützt es?

Auch hinter dieser E-Mail steckt wieder einiges an krimineller Energie: Durch das Öffnen des E-Mail-Anhanges wird ein Trojaner auf Ihrem Rechner installiert. Dieser Virus protokolliert Ihre Tastatureingaben und ist auf der Suche nach Benutzernamen und Passworten Ihrer diversen Internetkonten.

Interessant sind hier: Online-Banking, Ebay-Konten, Konten und Identitäten bei Online-

Spielen und Konten bei Internet-Versandhändlern. Außerdem versuchen diese Programme, die Eingabe von Kreditkarteninformationen und Bankverbindungen zu ermitteln.

Diese gesammelten Informationen werden dann von dem Trojaner an den Auftraggeber über das Internet verschickt, damit dieser die gestohlenen Daten gewinnbringend weiter verwenden kann.

Hier gibt es für den Versender des Trojaners nun mehrere Möglichkeiten:

- Die Zugangsdaten werden verwendet, um weitere Informationen auszuspionieren. In glücklichen Fällen können über den Trojaner auch Zugangsdaten zum Netzwerk des Arbeitgebers ermittelt werden. Damit sind der Industriespionage Tür und Tor geöffnet.
- Die Bankdaten und Kreditkarteninformationen werden genutzt, um Konten abzuräumen.
- Der Zugriff auf Online-Spiele wird genutzt, um sich das gewonnene Spielgeld von Spielen, wie z.B. Second Life und Online Poker, auszahlen zu lassen.
- Über die Konten bei Internet-Versandhändlern werden Bestellungen an eine andere Lieferanschrift umdirigiert. Die Rechnung landet selbstverständlich weiter-

hin bei Ihnen.

- Bankdaten, E-Mailadresse und Kreditkarteninformationen werden zur gefälligen Nutzung an weitere kriminelle Elemente verkauft. Für personifizierte E-Mail-Adressen werden auch schon mal fünf bis zwanzig Euro bezahlt. Bankkonten und Kreditkartennummern sind bis zu weit über 100 Euro wert, insbesondere dann, wenn die Prüfziffer auf der Rückseite der Kreditkarte auch zur Verfügung gestellt wird.

Insgesamt: Ein lohnenswertes, relativ ungefährliches Geschäft für Datendiebe. Besonders dann, wenn die erlangten Informationen nicht direkt verwendet, sondern weiter verkauft werden.

Wie können Sie sich schützen?

Beim Öffnen von E-Mail-Anhängen ist immer große Vorsicht geboten. Jeder Rechner mit Internetzugang – auch wenn er nur für den Privatgebrauch genutzt wird – sollte über einen funktionierenden und vor allem aktuellen Virenscanner und über eine Firewall verfügen. Ein Virenscanner, der einmal installiert und dann nie wieder aktualisiert wird, ist völlig wertlos.

Wenn Sie im Zweifel sind, schauen Sie auf die offizielle Webseite des vermeintlichen E-Mail-

Versenders. Klicken Sie dazu aber keine Links in der fragwürdigen E-Mail an, sondern geben Sie die Ihnen bekannte Adresse direkt in das Adressfeld des Browsers ein. Falls Ihnen die Adresse unbekannt ist, verwenden Sie eine seriöse Suchmaschine.

Wenn betrügerische E-Mails mit gefälschten Absendern unterwegs sind, geben Banken, Sparkassen und Unternehmen, deren Adressen missbraucht werden, oft einen entsprechenden Hinweis auf ihrer Webseite.

Lassen Sie regelmäßig von Ihrem Virenscanner die gesamte Festplatte prüfen. Nutzen Sie zusätzlich Anti-Spy-Ware. Diese Software enttarnt und entfernt Spionageprogramme, die ein normaler Virenscanner nicht findet.

Hilfreiche Tipps zu aktuellen Betrugsversuchen und nützliche Programme zum kostenlosen Download für den Privatgebrauch finden Sie auch auf den Webseiten des Bundesamtes für Sicherheit in der Informationstechnik (www.bsi-fuer-buerger.de).

Jobangebot: Finanzverwalter

Beim Hamburger Bauarbeiter Thomas K. herrscht, wie üblich während der auftragsschwachen Winterzeit, wieder einmal Ebbe auf dem Konto. Rechnungen müssen dringend bezahlt werden, die jährlichen Versicherungsbeiträge sind fällig und der Traum von zwei Wochen Urlaub auf Mallorca bleibt wohl ein Traum …. Leider ist auch kein passender Job in Sicht, der Thomas K. aus der Misere heraushelfen könnte.

Aber der Optimismus ist ungebrochen! Thomas K. nimmt sich die Stellenangebote in der Tageszeitung vor – und hat endlich einmal Glück, denn dort scheint etwas Passendes dabei zu sein:

„Sie verfügen über täglich vier Stunden freie Zeit? Sie sind gründlich und zuverlässig? Sie besitzen einen Internetanschluss und eine E-Mail-Adresse, die ausschließlich von Ihnen genutzt wird? Sie haben ein eigenes Bankkonto mit Zugang zum Online-Banking und keinen negativen Schufa-Eintrag? Sprechen Sie uns an! Wir sind ein internationales Unternehmen, das zuverlässige Finanzverwalter mit Home-Office sucht."

Perfekt! Thomas K. muss zum Arbeiten nicht einmal seine Wohnung verlassen. Das spart Zeit und vor allem Geld bei diesen hohen Benzinpreisen heutzutage.

Schnell an den PC gesetzt und die Bewerbung geschrieben! Das Unternehmen möchte die Bewerbungen nur per E-Mail erhalten, was Thomas K. auch wieder entgegen kommt, denn so geht es schließlich schnell und sogar portofrei.

Nach drei Stunden Arbeit sind die Bewerbungsunterlagen fertig. Im letzten Moment fällt unserem Arbeitswilligen noch ein, dass er vor Jahren einmal einen Anfängerkurs in Buchhaltung an der Volkshochschule belegt hat. Viel ist davon zwar nicht mehr hängen geblieben, aber es kann sicher nicht schaden, die Teilnahmebescheinigung den Bewerbungsunterlagen anzufügen.

Also nochmal die Bescheinigung suchen, auf den Scanner damit und die ganze Bewerbung nochmal kontrollieren. Nun scheint es vollständig zu sein. Ein Klick auf „Senden" und das Warten beginnt.

Zwei Tage später kommt schon eine Antwort: „Nach ausführlicher Prüfung Ihrer Unterlagen sind wir zu dem Schluss gekommen, dass Sie genau der passende Mitarbeiter sind. Ihr Profil entspricht genau den Anforderungen, die wir für die Vergabe dieser Tätigkeit benötigen. Ein persönliches Gespräch ist wegen der überaus aussagekräftigen Unterlagen nicht mehr erforderlich. Der Arbeitsvertrag ist bereits als Anlage beigefügt.

Bitte drucken Sie den Vertrag aus, unterschreiben Sie ihn und schicken Sie den eingescannten Vertrag anschließend per E-Mail an uns zurück."

Thomas K. ist erfreut: Da hat sich ja die viele Arbeit mit der Bewerbung gelohnt! Aufmerksam liest er den Vertrag. Die Tätigkeit besteht darin, Zahlungen für das Unternehmen entgegen zu nehmen und an ein vom Unternehmen benanntes Bankkonto weiterzuleiten. Das Gehalt beträgt 2.000,00 Euro monatlich. Zusätzlich wird eine Provision gezahlt, die von der Anzahl der getätigten Transaktionen und der Geschwindigkeit, mit der diese durchgeführt werden, abhängt. Die Zahlung des Gehaltes einschließlich der Provision erfolgt immer zum Dritten des Folgemonats. Steuern und Sozialversicherungsbeiträge werden am Hauptsitz des Arbeitgebers im Ausland abgeführt, was natürlich viel günstiger ist, als die hohen Beiträge in Deutschland zu zahlen.

Thomas K. überlegt kurz, wo der Haken an dieser Geschichte sein könnte. Vorauszahlungen muss er nicht leisten. In einer Woche ist der Monat zu Ende, er würde also maximal zwei Wochen umsonst arbeiten, falls der Arbeitgeber doch unseriös ist und nicht zahlt. Also legt er los.

Täglich kommen mehrere E-Mails mit Anweisungen, wohin das auf dem Konto von Thomas K. eingehende Geld zu überweisen ist. Er arbeitet schnell und präzise, schließlich soll der Provisionsanteil zum Gehalt so hoch wie nur irgend möglich werden. Der Urlaub rückt in greifbare Nähe.

Die auf dem Konto eingehenden Beträge sind zunächst klein, werden aber schnell höher. Klar – der Arbeitgeber möchte zunächst einmal testen, ob der neue Mitarbeiter zuverlässig ist. Die Versuchung, Geld für sich selbst abzuzwacken, ist angesichts der transferierten Beträge recht hoch, aber Thomas K. bleibt standhaft.

Zum vereinbarten Termin prüft er seinen Kontostand, weil noch keine schriftliche Gehaltsbescheinigung angekommen ist. Das vereinbarte Gehalt zuzüglich einer satten Provision ist aber auf dem Konto eingegangen. Damit ist alles im grünen Bereich. Fleißig arbeitet Tho-

mas K. weiter. Auch im nächsten Monat erfolgt die Zahlung durch das Unternehmen
pünktlich.

Drei Wochen später klingelt es an der Woh-
nungstür. Thomas K. staunt nicht schlecht, als
er die Tür öffnet. Dort stehen einige Polizisten
mit einem Durchsuchungsbeschluss und einem Haftbefehl gegen ihn. Was ihm vorgewor-
fen wird? Ganz einfach: Betrug und Verstöße
gegen das Geldwäschegesetz.

Wem nützt es?

Die Methoden von Betrügern werden angesichts der zunehmenden Anonymisierung von
geschäftlichen Transaktionen im Internet immer ausgefeilter.

Wurde früher Schwarzgeld gewaschen, indem
es als Einkünfte aus seriösen Geschäften mit
überwiegender Barzahlung und nur wenigen
Ausgangsrechnungen wie Restaurants, Bars
oder Handelsgeschäften mit viel Laufkund-
schaft deklariert wurde, so bedient man sich
heute ahnungsloser Dritter, die die schmutzi-
ge Wäsche blütenweiß rein waschen.

Das Geld stammt häufig aus betrügerischen
Transaktionen wie zum Beispiel dem Leerräu-

men von Konten, deren Zugangsdaten über Phishing-Attacken ermittelt wurden. Der angeworbene „Finanzverwalter" überweist das Geld nichtsahnend auf Bankkonten im Ausland, von denen das Geld kurz nach dem Eingang über Mittelsmänner bar abgehoben und an weitere Stellen transferiert wird. Die wahren Drahtzieher dieser Aktion sind dann kaum noch zu ermitteln.

Um nicht sofort aufzufallen und zuverlässige Mitarbeiter zu halten, werden diese nichtsahnenden Helfershelfer gut und pünktlich bezahlt. Das vermeintlich hohe Gehalt ist - verglichen mit den Beträgen, die für das Unternehmen gewaschen wurden - Peanuts, die die Gangster locker aus der Portokasse bezahlen können.

Leider ist das Honorar aber nicht annähernd hoch genug für die Tatsache, dass der Finanzverwalter auch der Hauptrisikoträger ist. Schließlich ist der Weg des Geldes von der letzten Station bis auf das Bankkonto des Finanzverwalters für die zuständigen Ermittlungsbehörden leicht nachvollziehbar. Davor – und danach verläuft die Spur sich dank seiner tatkräftigen Mithilfe im Sande.

Wie können Sie sich schützen?

Ganz einfach: Finger weg von solchen Jobangeboten! Gerade das Angebot eines unverhältnismäßig hohen Gehaltes bei relativ geringem Arbeitseinsatz sollte immer stutzig machen.

Die Härtefälle

Kennen Sie das? Sie schalten den PC ein, rufen Ihre E-Mails ab und lesen in Ihrem Posteingang Betreffzeilen wie „Vier Dosen umsonst", „Doping für Ihr bestes Stück", „Unser Liebesleben ist wieder aufregend" oder auch „Probier es aus – Mann lebt nur einmal!". Dahinter verbergen sich lauter mehr oder weniger legale Anbieter von potenzsteigernden Medikamenten oder fragwürdigen Apparaturen, die „das beste Stück" des Mannes auf wundersame Weise verlängern sollen.

Wie unkompliziert ist es doch, die berühmten blauen Pillen unerkannt im Internet zu kaufen! Erspart das Versandangebot doch die Peinlichkeit, sich durch die Anwesenheit im Wartezimmer des Urologen zu outen oder – schlimmer noch – das Rezept in der Apotheke einzulösen, während die Nachbarin Müller, auch bekannt als „die wandelnde Stadtteilzeitung", direkt daneben steht.

Vielleicht möchte ja auch die Ehefrau sich und ihrem Liebsten etwas Gutes tun, bestellt die Wunderpillen im Internet, bezahlt schnell per

Kreditkarte und legt sie ihrem Gatten zum Geburtstag rezeptfrei auf den Nachttisch.

Sie halten diese Geschichten für frei erfundene Märchen ohne jeglichen Realitätsbezug? Weit gefehlt! Seriösen Umfragen zu Folge haben 43% der deutschen Internetnutzer bereits einmal Ware bestellt, die ihnen über Spams angeboten wurde. Ganz klar: Wenn es kein lohnendes Geschäft wäre, würden kaum so viele E-Mails dieser Art verschickt werden.

Weitere bekannte Angebote sind hochpreisige Uhren, wahrscheinlich mehr oder weniger gute Fälschungen oder auch der Download von Markensoftware zu äußerst günstigen Preisen.

All diese E-Mails verweisen mit einem Link auf eine Webseite – meist ohne Impressum oder Hinweise auf den tatsächlichen Betreiber, sprich: den Vertragspartner. Die Domains sind im Ausland registriert, die Absenderadressen gefälscht. Oftmals werden hier auch echte Mailadressen von seriösen Unternehmen missbraucht und zweckentfremdet.

Wem nützt es?

In jedem Fall dem Vermögensaufbau des tatsächlichen E-Mail - Versenders.

Im besten Falle bekommen Sie sogar die bestellte Ware, die allerdings oft von fragwürdiger Qualität und Herkunft ist. Bei Medikamenten besteht durch die unbekannte Rezeptur häufig die Gefahr unerwünschter Nebenwirkungen. Gerade die angeblich potenzsteigernden Mittel bestehen im gesündesten Fall aus blau eingefärbtem Traubenzucker. Die billige Herstellung beschert den Verkäufern eine dementsprechend hohe Gewinnmarge. Reklamationen brauchen sie kaum zu befürchten, gerade in diesem Bereich besteht ein großer Peinlichkeitsfaktor – wer will sich schon damit outen, dass „es" nicht klappt? Mal ganz davon abgesehen, dass auch Traubenzucker und ein paar Mineralstoffe durchaus für einen Placeboeffekt sorgen können!

Im weitaus schlimmeren Fall werden solche E-Mails verwendet, um Schadsoftware auf dem PC des Empfängers einzuschleusen oder um an Geld, Konto- und Kreditkarteninformationen zu gelangen. Über die Verwendungsmöglichkeiten der Konto- und Kreditkarteninformationen konnten sie bereits in den vorangegangenen Kapiteln nachlesen.

Wie können Sie sich schützen?

Natürlich schützt die sparsame Preisgabe Ihrer eigenen E-Mail–Adresse am besten vor Spams jeglicher Art. Sie wollen sich in einem Forum registrieren, an einem Gewinnspiel teilnehmen, aber Ihre personalisierte E-Mail–Adresse nicht öffentlich bekannt geben? Dann sollten Sie eine Adresse von einem Freemail-Anbieter (z. B. Web.de, Yahoo, Google, Freemail) nutzen! Achten Sie darauf, keine Namensangaben wie max.mustermann@web.de zu verwenden, eine anonyme Variante wie maerchenstunde@yahoo.com schützt Ihre Privatsphäre.

Von Providern vergebene E-Mail-Adressen, die aus einer Zahlenkombination vor dem @ bestehen und vom Nutzer personifiziert werden können, sind potentielle Kandidaten für den Spamversand. Den Versendern der Spams ist der Aufbau dieser Adressen bekannt. Sie erstellen maschinell E-Mail Adressen mit allen möglichen Zahlenkombinationen des Providers und versenden ihre Spams an diese Adressen. Auf diese Art wurden die Kunden von T-Online vor einigen Jahren einmal sehr massiv mit Spams beglückt.

Eine strafrechtliche Verfolgung ist bei dieser Art von Spam besonders schwierig, da der

Absender meist verschleiert ist und damit der Urheber dieser Mail nur schwer oder gar nicht zu finden ist.

Weitere Vorsorgemaßnahmen sind ein gut funktionierender Spam-Filter und eine aktuelle Virensoftware. Die als Spam deklarierten E-Mails in Ihrem Spam- oder Junkfilter sollten aber immer wieder einmal grob überflogen werden, falls versehentlich eine erwünschte Mail im Spam-Filter landet.

Oft bieten Versender von Spams einen Link an, mit dem Sie die Zusendung von E-Mails abbestellen können – verwenden Sie Links dieser Art in keinem Fall! Dieser dient dem Absender nur zur Verifikation Ihrer E-Mail Adresse. Durch Ihre Antwort weiß er, dass es sich hier um eine aktuelle und aktive Adresse handelt – Grund genug, sie munter weiter für den Spamversand zu nutzen oder sie sogar anderen Spam-Versendern zum Kauf anzubieten.

Die relativ harmlosen Spams

Kommen wir nun zu einer etwas harmloseren, aber trotzdem genauso gesetzeswidrigen Version von Spams: Unerwünschte Werbeanschreiben per Mail.

Sie bekommen einen Newsletter mit neuen Angeboten wie künstlichen Zimmerpflanzen, Barhocker, Sportbekleidung oder ähnlichem. Der Absender gibt sich auch durchaus zu erkennen und hat vielleicht sogar eine Webseite mit richtigem Impressum.

Oder es kommt ein Angebot von jemandem, der jemanden kennt, der wiederum Sie kennt und Ihre E-Mail-Adresse von Ihrem Bekannten erhalten hat. Der Hintergrund: Inzwischen versuchen die Betreiber von Webseiten gern, weitere E-Mail Adressen zu erhalten, frei nach dem Motto: „Sie kennen jemanden, der unser Produkt unbedingt braucht? Fein, dann geben sie uns doch einfach seinen Namen und seine E-Mail Adresse."

Vielleicht kennt der Absender auch jemanden, dessen Kinder in derselben Fußballmannschaft wie Ihre eigenen spielen. Über die Befragung der Kinder, die völlig unbedarft bereitwillig

Auskunft geben, erhält der Versender Informationen zu Ihrer Person.

Gern werden auch private E-Mail-Adressen verwendet, die zweckgebunden veröffentlicht wurden, z. B. eine Adressliste für Einladungen zu Veranstaltungen der freiwilligen Feuerwehr.

Unternehmer nutzen diese Adressen, um Ihnen unerwünschte Werbung zuzusenden. Für sie bedeutet diese Werbung per E-Mail eine kostengünstige Art, ihre Produkte und Dienstleistungen zu vermarkten, zumindest ist schon mal das Porto gespart.

Wem nützt es?

Ganz klar: Wenn es dem Absender der Mail gelingt, auf diese Art Aufträge zu erhalten, nützt es ihm mit Sicherheit.

Natürlich kann auch der Internet-Provider des E-Mail Empfängers profitieren. Sofern Sie keine Flatrate haben, kostet Sie jede empfangene E-Mail Geld, weil entweder die Minuten, in denen die Internet-Verbindung besteht, oder aber die transferierten Datenpakete bezahlt werden müssen. Dabei spielt es dann keine Rolle, ob die E-Mail unerwünscht war oder nicht.

Wie können Sie sich schützen?

Werbung per E-Mail ohne die Zustimmung des Empfängers ist ein Verstoß gegen § 7 UWG (Unzumutbare Belästigungen). In diesem „Gesetz gegen den unlauteren Wettbewerb" ist festgelegt, dass Werbung per E-Mail nur mit Zustimmung zulässig ist.

Bevor man den Absender nun aber vor den Kadi zieht, sollte man allerdings prüfen, ob man nicht doch seine Zustimmung gegeben hat: Bei vielen Firmen ist die Einwilligung in die Zusendung von Werbung so gestaltet, dass in die Werbung per Mail zugestimmt wird und darüber hinaus gestattet wird, dass die E-Mail Adresse an andere Firmen zum Zwecke der Werbung per E-Mal weitergegeben wird.

Der erste Schritt sollte erst einmal sein, der Zusendung weiterer Werbung zu widersprechen (§ 28 Abs. 4 BDSG Werbewiderspruch). Damit ist die Nutzung und Weitergabe Ihrer personenbezogenen Daten durch das Unternehmen unzulässig.

Wenn dies nichts nützt, schreiben Sie das Unternehmen an und machen Sie von ihrem

Auskunftsrecht[1] nach § 34 BDSG Gebrauch. Fragen Sie

- welche Daten das Unternehmen über Sie gespeichert hat,
- woher es dies Daten hat,
- zu welchen Zwecken die Daten genutzt werden und
- an wen die Daten übermittelt werden.

Diese Auskunft muss in der Regel unentgeltlich erfolgen. Eine Antwort des Unternehmens sollte zeitnah, d. h. innerhalb von zwei bis drei Wochen bei Ihnen eingehen. Reagiert das Unternehmen nicht, sollten Sie den Datenschutzbeauftragten des Unternehmens anschreiben. Dafür müssen Sie seinen Namen nicht kennen, die Bezeichnung „Datenschutzbeauftragter" im Anschriftenfeld ist völlig ausreichend.

Wird auch hierauf nicht reagiert, können sie sich an die Datenschutzaufsichtsbehörden wenden oder die Verbraucherzentrale (Anschriften befinden sich im Anhang) wegen des Verstoßes gegen das UWG einschalten.

---

[1] Musterschreiben für Auskunftsersuchen und Werbewiderspruch finden Sie im Anhang

Ohne Internetzugang ist man heutzutage nur ein halber Mensch. Eine eigene E-Mail-Adresse ist mittlerweile ein gesellschaftliches Muss.

Ein großer Teil der Kommunikation wird über E-Mail abgewickelt. Papier und Briefe scheinen der Vergangenheit anzugehören – noch dazu sind sie erhebliche Kostenfaktoren und Zeitfresser. Spielte vor einigen Jahren bei Bewerbungen noch die Qualität des verwendeten Briefpapiers eine große Rolle, so ist heute die Verwendung von Papier in manchen Firmen schon fast ein Ausschlusskriterium, inzwischen verlangen zahlreiche Unternehmen Online-Bewerbungen. Auch öffentliche Stellen wie Meldebehörden oder Finanzämter kommunizieren mit den Bürgern immer mehr über das Internet und per E-Mail.

Eine E-Mail-Adresse muss nun also dringend her, damit man nicht als Aussätziger behandelt wird. Doch woher nehmen?

Bei vielen Internetprovidern, die den Zugang ins Internet ermöglichen, ist eine E-Mail-Adresse im Preis inbegriffen. Das reicht für den Single-Haushalt möglicherweise aus. Bei mehreren Nutzern desselben Internetzugangs möchte aber jedes Familien- oder WG-Mitglied seine eigene E-Mail-Adresse haben, schon im Sinne des Briefgeheimnisses.

Damit das Budget nicht zu sehr strapaziert wird, muss nun für jeden ein zusätzliches – möglichst kostenloses – E-Mail-Konto her. Anbieter solcher „Free-Mail-Accounts" gibt es viele: web.de, gmx, freemail, googlemail und hotmail (Microsoft) seien nur als Beispiele genannt. Die Liste lässt sich beliebig lang fortsetzen.

Die Wahl fällt schwer. Ausschlaggebend ist – dieses Ergebnis liefert eine Umfrage im Freundes- und Bekanntenkreis – die Größe des kostenlosen E-Mail-Postfaches, sprich die Größe des zur Verfügung gestellten Speicherplatzes.

Kurz überlegt, Anbieter ausgewählt. Registrierung ausgefüllt und schon hat jedes Familien- oder WG-Mitglied sein eigenes E-Mail-Postfach. Und wenn man schon dabei ist, die E-Mail-Adresse einzurichten: Praktisch ist es, das Adressbuch und den Terminkalender des Anbieters ebenfalls zu nutzen. Schließlich kann man dann zu jedem Zeitpunkt von jedem Ort der Welt aus darauf zugreifen.

Anbieter kostenloser E-Mail-Accounts bieten nun diesen Service allerdings nicht nur aus reiner Menschenfreundlichkeit an, sondern meist auch, um ihre Werbeeinnahmen zu erhöhen. Mit der Eröffnung des kostenlosen E-Mail-Kontos stimmen Sie zu, dass der Betreiber des E-Mail-Dienstes Ihnen einen Newsletter schicken darf – prall gefüllt mit Werbung seiner Kunden. Dazu erscheint meist ein langer Fragebogen bei der Registrierung, der auch von Zeit zu Zeit zwecks Aktualisierung beim Login vorgeschaltet wird: „Wir möchten Sie besser kennenlernen, um Ihnen maßgeschneiderte Angebote zu unterbreiten.‟ Gefragt wird z.B. nach Alter, Anzahl der im Haushalt lebenden Personen oder Haustieren, dem Einkommen, Interessen und Hobbies, bevorzugten Reisezielen oder nach Anschaffungen, die Sie in nächster Zeit planen.

Kleiner Tipp: Seien Sie ein Mensch ohne Hobbies und ohne Einkommen. Damit gemeint ist: Machen Sie möglichst wenige oder keine Angaben in dem Fragebogen. Dann hält sich die Zahl der Werbemails, die an Ihr neues E-Mail-Postfach adressiert werden, in Grenzen.

Achten Sie bei der Auswahl des Anbieters darauf, in welchem Land der Anbieter seinen Sitz hat und welcher Datenschutzgesetzgebung er unterliegt. Schauen Sie sich die allgemeinen Geschäftsbedingungen (AGB) und die Datenschutzerklärungen genau an, damit

Sie wissen, welcher Datenspeicherung Sie zustimmen.

Es ist denkbar und möglich, dass unseriöse Unternehmen den Text Ihrer versendeten und empfangenen E-Mails auswerten, um gezielt Werbung platzieren zu können.

Das beim E-Mail-Anbieter gespeicherte Adressbuch ist für solche Unternehmen eine weitere Einnahmequelle: Lassen sich die dort gespeicherten Personen doch auch wunderbar mit Werbung beglücken oder die E-Mail-Adressen beim Verkauf an zweifelhafte Unternehmen in bare Münze verwandeln.

Ihr gut gepflegter Terminkalender ließe sich von einem gefrusteten Administrator, der seinem Arbeitgeber schaden will oder ganz einfach auf der Suche nach einer nicht ganz seriösen Einnahmequelle ist, auch gut an „Unternehmen" verkaufen, die auf die klassische Art während Ihres Urlaubs die Wohnung leerräumen.

Ganz besonders sollte bei der Nutzung eines kostenlosen E-Mail-Kontos auf ein sicheres Passwort geachtet werden. Worte, die im Lexikon oder Duden auftauchen, sind völlig unbrauchbar, da sie durch Computerprogramme, die einfach alle Worte durchprobieren, leicht geknackt werden können.

Ein gutes Passwort ist mindestens acht Zeichen lang, enthält Zahlen und Sonderzeichen wie #, *, (, -, . usw. und mischt Groß- und Kleinschreibung. Dies erhält die Sicherheit Ihrer elektronischen Kommunikation. Perfekt wäre eine Verschlüsselung aller E-Mails. Dies setzt aber einige Arbeit im Vorwege voraus, da Absender und Empfänger über ein gemeinsames Schlüsselpaar verfügen müssen.

Wo hält sich mein Partner gerade auf?

Schon seit längerem herrscht dicke Luft und Krisenstimmung bei Stefan R. und Meike K.: Er wird von seinem Chef auf viele Auswärtseinsätze geschickt. Da Stefan R. als begeisterter Motorradfahrer bei dem schönen Sommerwetter viel lieber abends herumfahren möchte, statt in langweiligen Hotelzimmern zu sitzen, ist er entsprechend genervt und gibt die schlechte Laune an seine Freundin weiter.

Meike dagegen fühlt sich vernachlässigt. Stefan schenkt ihr, wenn er denn überhaupt mal zuhause ist, kaum Aufmerksamkeit und ist ständig missgelaunt. Langsam ist Meike sicher: Stefan hat wohl eine Geliebte! Zeit und Gelegenheit hat er ja genug während seiner langen Dienstreisen. Meike kocht vor Eifersucht und überlegt, wie sie Stefan auf die Schliche kommen kann.

Zunächst überlegt sie, einen Privatdetektiv zu engagieren. Sie hat sich schon einige Adressen mitsamt Telefonnummern beschafft. Allerdings kann sie sich noch nicht dazu durchringen, einen Detektiv zu beauftragen. In Gedanken sieht sie einen Zigarre rauchenden, schmierigen Typen vor sich, der seiner Sekretärin den Hintern tätschelt, während er sich ihre Geschichte gelangweilt anhört. Nun ja, vielleicht hat Meike einfach zu viele amerikanische Serien im Fernsehen gesehen...

Während sie über die weitere Vorgehensweise nachdenkt, hat Meike plötzlich eine Idee:

Stefan trennt sich nie von seinem Handy. Meike gibt in einer Suchmaschine die Worte „Handy" und „Ortung" ein und wird schnell fündig. Das ist doch viel besser als jeder Privatdetektiv:

- Finden Sie ihr gestohlenes Handy...
- Prüfen Sie, wo ihr Kind sich gerade aufhält...
- Lassen Sie sich orten, wenn Sie sich im Gebirge bei Unwetter verlaufen haben...
- Führen Sie die Rettungskräfte über Handyortung zu sich, wenn Sie verletzt in der Wildnis liegen...
- Überraschen Sie Ihre Freunde und den Partner...
- Verschaffen Sie sich einen Überblick über die Position von Mitarbeiterhandys...

Die Registrierung ist kostenlos. Einige dieser Dienstleister bieten sogar bis zu fünf Ortungen kostenlos an.

Perfekt! Das ist genau das, was Meike benötigt. Mal sehen, wo Stefan sich jetzt gerade aufhält. Schnell füllt sie das Anmeldeformular im Internet aus. Aber, zu blöd: Leider funktioniert die Ortung doch nicht ganz so problemlos, wie Meike sich das vorgestellt hat. Von dem Handy, das geortet werden soll, muss für die Registrierung eine SMS verschickt werden, damit sich der Auftraggeber als Besitzer des Handys legalisiert.

Während sie noch darüber nachdenkt, wie das Problem zu lösen ist, klingelt ihr Telefon. Es ist Stefan. Heute hat er überraschend früher Feierabend und am nächsten Tag einen Gleittag wegen der vielen Überstunden. Das möchte er gerne feiern und Meike heute Abend zum Essen ausführen. Und hinterher die Nacht mit ihr gemeinsam verbringen .... Meike sagt begeistert zu und schmiedet einen Plan.

Als Stefan einige Stunden später vor der Tür steht, ist alles vorbereitet. Meike strahlt ihn an. Die beiden haben einen vergnüglichen Abend in einem italienischen Restaurant. Stefan freut sich, weil Meike endlich einmal gut drauf und ausgeglichen ist.

Als Stefan am nächsten Morgen ausgiebig duscht, nutzt Meike ihre Chance. Sie schnappt sich sein Handy und versendet die Bestätigungsmail für die Handyortung.

Die beiden verbringen noch einen netten Tag miteinander. Abends verabschiedet sich Stefan und kündigt an, dass sein Chef ihn nach Oberhausen schickt. Er hoffe aber, dass er am Freitag frühzeitig Feierabend machen kann, um ein langes Wochenende mit Meike zu verbringen.

In dieser Woche geht für Stefan allerdings wieder einmal alles schief: Der Kunde in Oberhausen ist unausstehlich und das Hotel eine Zumutung. Dazu kommt am Freitagmorgen noch der Anruf seines Chefs, der ihn zu einem dringenden Wochenendeinsatz nach Paris schickt.

Stefan überlegt kurz, Meike zu fragen, ob sie mitkommen möchte, doch dann verwirft er den Gedanken.

Meike bewegt sich nur ungern alleine an fremden Orten. Sie würde die ganze Zeit nur im Hotelzimmer sitzen, während er arbeitet. Und abends wäre er vermutlich zu müde, ihr noch etwas zu zeigen und damit kein guter Gesellschafter. Er würde damit keinem von beiden einen Gefallen tun und beschließt, Meike in drei Monaten eine Reise nach Paris zum Geburtstag zu schenken. Sie hat ihm schon oft gesagt, dass sie gern mal mit ihm nach Paris fahren möchte.

Stefan ist froh, dass ihm in diesem Jahr endlich einmal rechtzeitig ein schönes Geburtstagsgeschenk für Meike eingefallen ist. Daher ruft er relativ gut gelaunt bei Meike an, um ihr mitzuteilen, dass er am Wochenende arbeiten muss. Weil er weiss, wie eifersüchtig Maike sein kann und er sie nicht zu sehr enttäuschen möchte, bedient er sich einer Notlüge: Er behauptet, dass sein Einsatz in Oberhausen noch bis zum Wochenende gehe, da er wegen unerwarteter Schwierigkeiten am Freitag nicht mehr fertig werden kann.

Meike kocht vor Wut, weil sie wieder einmal versetzt wurde, und beschließt, die Handyortung an diesem Wochenende auszuprobieren.

An Samstagmorgen lässt sie das Handy orten und staunt nicht schlecht, als ihr als Standort Paris genannt wird. Die Stadt der Liebe, bevorzugter Urlaubsort glücklich verliebter Paare. Mehrfach hatte sie in den vergangenen Jahren Andeutungen gemacht, dass sie gern einmal nach Paris möchte. Und nun fährt dieser Schuft mit einer anderen.

Enttäuscht beschließt sie, Stefan zur Rede zu stellen und sich von ihm zu trennen.

Wem nützt es?

Wie bei allen kostenpflichtigen Diensten nützt es in erster Linie demjenigen, der diesen Dienst anbietet, also dem Dienstleister, der die Ortung durchführt.

Bei Ortung von Kindern durch die Eltern, die sich Sorgen um ihre Sprösslinge machen, liegt der Nutzen klar auf der Hand, wobei diese Nutzung ab einem gewissen Alter des Kindes sehr fragwürdig ist. So sollte zum Beispiel eine Handyortung bei Jugendlichen nur in absoluten Ausnahmefällen und bei begründeten Verdachtsmomenten erfolgen. Eine ständige Überwachung von fast Erwachsenen dagegen kommt schon fast einer Bankrotterklärung der erzieherischen Fähigkeiten der Eltern gleich.

Die Ortung von verloren gegangenen oder gestohlenen Handys ist selbstverständlich legal und scheint sinnvoll. Die Wahrscheinlichkeit, sein Handy auf diese Weise auch zu finden und zurück zu erhalten, ist allerdings verschwindend gering.

Der Vorteil für Stalker, eifersüchtige Liebhaber und kontrollwütige Ehepartner liegt in der Information darüber, wo sich das Objekt der

Begierde gerade befindet. Dieser Personengruppe der „Überwachungssüchtigen" sei aber an dieser Stelle deutlich gesagt: Sie bewegen sich mit der heimlichen Ortung nicht mehr in einer rechtlichen Grauzone, sondern haben die Grenze zum Gesetzesbruch schon klar überschritten. Je nach Art der Anzeige und Auslegung durch den Richter sind Freiheitsstrafen von bis zu fünf Jahren für dieses Vergehen locker drin.[2]

Ein Arbeitgeber, der seinem Mitarbeiter ein unternehmenseigenes Handy zur Verfügung stellt, möchte unter Umständen gerne wissen, wo sich sein hochbezahlter Mitarbeiter gerade aufhält – ob noch beim Kunden oder schon in der Kneipe oder gar am Strand anstatt auf dem Kongress. Was diese Arbeitgeber einfach ignorieren: Dies ist eine unerlaubte Verhaltens- und Leistungskontrolle.

Ohne schriftliche Zustimmung des Mitarbeiters ist ein solches Vorgehen nur dann möglich, wenn konkrete Verdachtsmomente für vertragswidriges Verhalten des Mitarbeiters vor-

---

[2] Quelle: Rechtsanwalt Christian Solmecke in www.netzwelt.de: „Als Straftatbestand kommt hier die Fälschung beweisrechtlicher Daten in Betracht. Im Höchstfall wird dies mit einer Freiheitsstrafe von fünf Jahren bestraft."

liegen und alle anderen Möglichkeiten ausgeschöpft sind. Diese Art der Überwachung kann also nur das letzte Mittel sein, wenn alle Verwarnungen und Abmahnungen im Sande verlaufen sind, der Mitarbeiter das Unternehmen erheblich schädigt und es keinerlei andere Möglichkeiten des Nachweises gibt.

Kleiner Tipp an den Arbeitgeber, der mit dem Gedanken an eine Mitarbeiterortung spielt: Holen Sie sich vor solchen Aktionen den fachkundigen Rat eines Juristen ein und beziehen Sie die Mitarbeitervertretung mit ein. Anderenfalls stehen auch Sie ganz schnell auf der falschen Seite des Gesetzes.

Tatsächlich ist für die Mitarbeiterüberwachung nicht einmal ein Handy notwendig: Gerne wird eine GPS-Ortung über ein im Firmenfahrzeug verstecktes GPS-Sendegerät durchgeführt. Auch diese Maßnahme unterliegt der Pflicht, den betroffenen Mitarbeiter hierüber zu informieren sowie der Mitbestimmungspflicht des Betriebsrates.

Wie können Sie sich schützen?

Die Unternehmen, die eine Handyortung anbieten, haben zu ihrem eigenen Schutz meist zwei Sicherungsmechanismen:

- Bei der Registrierung muss eine SMS vom zu ortenden Handy an eine Telefonnummer des Anbieters geschickt werden. Also: Lassen Sie Ihr Handy niemals eingeschaltet irgendwo allein herum liegen. Dies schützt zusätzlich vor hohen Telefonrechnungen durch unbefugte Benutzung.
- Bei jedem konkreten Ortungsauftrag schickt das Unternehmen eine SMS an das zu ortende Handy. Auch hier gilt: Das Handy niemals unbeaufsichtigt und im eingeschalteten Zustand lassen und nicht auf jede SMS mit unklarem oder merkwürdigen Inhalt antworten. Unabhängig davon, dass Sie mit solchen „Antwort-SMS" die Ortung aktivieren, können sie bei bestimmten Abzockmethoden auch zu horrenden Telefonrechnungen führen. Wohl aber sollten Sie sich die Texte aller eingehenden SMS vor dem Löschen genauer durchlesen. Oft ergeben sich aus dem Text Hinweise auf die unerwünschte Handyortung oder auf andere Arten des Missbrauchs.

Wenn Ihnen Ihr Arbeitgeber temporär ein Handy zur Verfügung stellt, das von mehreren Mitarbeitern genutzt wird, z.B. das Handy für den ständig wechselnden Bereitschaftsdienst, fragen Sie einfach nach, ob dieses Handy irgendeiner Ortung unterliegt. Dazu benötigt Ihr Arbeitgeber nämlich Ihre schriftliche Zustimmung, was im Übrigen für alle Ortungsverfahren privater Unternehmen gilt.

Datendiebs Festmahl: Alte Festplatten

Der PC ist kaputt oder veraltet, ein neuer schon beschafft. Wohin nun mit dem Elektroschrott?

Schulen freuen sich oft über eine Sachspende und nehmen gebrauchte PCs gern als Lehrmaterial an. Eine Alternative ist der Verkauf gebrauchter Hardware. Selbst für die altertümlichsten PCs finden sich noch immer Liebhaber oder Bastler, die bereit sind, Geld für das Altgerät zu bezahlen, dass im Normalfall kostenpflichtig entsorgt werden müsste.

Auch unser guter Bekannter Stefan freut sich darüber, dass er für seinen alten PC noch ein paar Euro bekommt. Das Geld reicht aus, um seine Freundin zum Essen bei ihrem gemeinsamen Lieblingsitaliener einzuladen. Ein überaus gelungener Abend!

Vor der Übergabe des PCs an den Käufer befolgt Stefan noch den Rat eines Kollegen und löscht die Daten auf der Festplatte. Um sicher zu gehen, dass wirklich alle Daten weg sind, verwendet er dazu nicht nur den normalen Löschbefehl von Windows, sondern löscht – wie sein Kollege es empfohlen hat - mit dem Befehl „format C:" (Festplatte formatieren) die gesamten Daten auf der Festplatte. Nun kann er wirklich sicher sein, dass alle Daten verschwunden sind.

Ein paar Wochen später gibt es eine unangenehme Überraschung: Seine beiden bevorzugten Internet-Versandhändler buchen größere Summen von seinem Bankkonto ab, obwohl er nichts bestellt hat. Stefan reklamiert sofort.

Von beiden Händlern kommen ähnlich lautende Schreiben: Die Rechnungskopien, die die von ihm bestellten CDs bzw. elektronischen Geräte aufzählt, werden ihm zugeschickt. Die beigefügten Kopien der Bestellungen ergeben, dass die Waren wie immer über das Internet bestellt wurden.

Als Lieferanschrift, die auch als Rechnungsanschrift dient, ist eine ihm völlig unbekannte Adresse angegeben worden. Stefan tobt. Nacheinander ruft er die Hotline beider Händler an, um sie auf ihren Fehler aufmerksam zu machen. Auch hier geben die beiden Händler wieder ähnliche Antworten: Er habe am 18. August 2008 die Bestellung über das Internet aufgegeben, dabei sein Internetkonto bei den Händlern verwendet, Benutzername und Passwort seien korrekt eingegeben worden. Es sei eine neue Lieferanschrift erfasst worden, an die die Bestellung geschickt werden sollte, die Zahlung wurde wie immer per Lastschrift über das bei den Händlern hinterlegte Bankkonto durchgeführt.

Stefan ist völlig fassungslos: Das durfte einfach nicht wahr sein!

Doch es kommt noch viel schlimmer: Kurz darauf steht seine Freundin Meike vor der Tür, im Schlepptau ihre Freundin Bettina, die Stefans Missetaten schon in der Schule immer verpetzt hat. Kein gutes Zeichen, denkt Stefan, aber dieses Mal gibt es für die Tratschtante Bettina wohl kaum etwas zu erzählen.

Umso erstaunter ist er, als Meike ihn mit einer kräftigen Ohrfeige begrüßt und ihn anbrüllt:

„Du Schuft! Du widerliches Schwein!"

Natürlich unterstützt Bettina ihre Freundin nach Leibeskräften. Aus dem Gezeter der beiden entnimmt Stefan schließlich, dass Meike ihn beschuldigt, die Nacktfotos, die er in einer Sektlaune während des Urlaubs von ihr gemacht hatte, im Internet zu verkaufen.

Stefan versteht die Welt nun überhaupt nicht mehr. Die Fotos waren auf dem alten PC gewesen und gelöscht worden, bevor der PC verkauft wurde. Digitale Kopien davon besitzt er auch nicht, nur einen einzigen Fotoausdruck, den er bei seinen persönlichen Wertsachen aufbewahrt.

Wie Stefan ergeht es vielen Menschen – und oft auch Unternehmen.

Viele PCs werden entsorgt oder verkauft, ohne die Daten darauf vollständig zu löschen. Der einfache Löschbefehl – selbst wenn der Papierkorb hinterher geleert wird und auch der berühmte Format-Befehl - sind zum sicheren Löschen der Daten nicht ausreichend. Sie können in diesem Fall von Fachleuten und Hackern mit relativ wenig Aufwand wieder hergestellt werden. Da Benutzernamen und Passworte für E-Mail-Zugang, Internet-Auktionshäuser, Online-Händler und sogar für das Bankkonto gerne für den automatischen Login auf dem PC gespeichert werden, sind diese Informationen nach Abgabe des PCs auch leicht zugänglich. Käufer, die diese Daten zur eigenen Bereicherung kaufen, gibt es ausreichend.

Daher sollten Altgeräte besser einer Spezialfirma zur datenschutzgerechten Entsorgung gegeben werden. Achten Sie dabei darauf, von wem das Unternehmen zertifiziert ist, um nicht auf schwarze Schafe hereinzufallen.

Wenn der alte PC unbedingt zu Geld gemacht werden soll, gibt es Spezialprogramme, die Daten unwiederbringlich löschen, indem sie die Speicherbereiche der Dateien vollständig überschreiben. Das einmalige Überschreiben reicht allerdings nicht aus: Die Daten sollten mindestens dreimal überschrieben werden, um sicher zu stellen, dass die Daten auch wirklich weg sind. Gleiches gilt natürlich auch für die Entsorgung alter CDs (Aktenvernichter, die auch CDs und Kreditkarten zerkleinern, leisten hier gute Dienste), USB-Sticks und Handys, bei denen die Telefonnummern, Anruflisten und Nachrichten im Telefonspeicher abgelegt sind.

Foren

Kein Thema auf dieser Welt, zu dem es nicht inzwischen diverse Internetforen für den Austausch mit Gleichgesinnten gibt: Sport, Auto, Motorrad, Kinder, Haustiere, Kochen, Garten und - natürlich – Sex. Hier finden sich lauter nette Menschen für den Austausch, die bei Fragen schnell, gerne und vor allem kostenlos hilfreiche Tipps geben.

Oft wird dabei vergessen, dass Beiträge, die einmal in einem Forum geschrieben sind, nicht so leicht entfernt werden können. Darüber hinaus durchsuchen Suchmaschinen auch Foreneinträge.

Der Leserkreis ist quasi unbeschränkt, Millionen Menschen aus aller Welt können die Beiträge lesen und sich so ihre Gedanken über den Verfasser machen. Gerade Formulierungen, die zweideutig sind und einigen Interpretationsspielraum lassen, wenn man den Verfasser nicht persönlich kennt, bieten Anlass zu Spekulationen.

Wilde Gerüchte kommen auf, wenn die Vorzeigehausfrau aus der Nachbarschaft sich in einem Forum für Seitensprünge tummelt. Ganz ungeschickt ist es, wenn der potentielle Arbeitgeber im Internet nach Informationen über seinen Bewerber sucht und dabei auf eine rege Beteiligung im Forum eines Swinger-Clubs stößt, am besten noch mit einem Foto von der letzten Party.

Viele Foren bieten die Möglichkeit, einen Nickname zu verwenden, d.h. anonym zu bleiben – sofern der verwendete Nickname nicht Gott und der Welt als normaler Spitzname des Verfassers bekannt ist. Nutzen Sie diese Möglichkeit, wenn Sie in Foren unterwegs sind.

Telefonnummer, E-Mail-Adresse oder gar die gesamte Anschrift haben in Forenbeiträgen nichts zu suchen. Sie laden nur zu Missbrauch ein. Bleiben Sie anonym, wann immer es geht.

Diese Anonymität sollte allerdings nicht verwendet werden, um andere Menschen zu verunglimpfen. In diesen Fällen kann und darf Ihre Identität in den meisten Fällen aufgedeckt werden und Sie aus dem Forum ausgeschlossen werden. Fast alle Foren haben Regeln für den Umgang miteinander schriftlich festgelegt – die sogenannte Netiquette.

Das Hochladen von Fotos in Foren sollte ebenfalls wohlüberlegt sein: Eigene Fotos ins

Internet zu laden macht das Gesicht bekannt und sorgt – je nach Art des Fotos – auch schon mal für einen gewissen Peinlichkeitsfaktor.

Selbstgemachte Fotos anderer Personen sollten nur mit schriftlicher Zustimmung aller auf dem Foto sichtbaren Personen ins Internet gestellt werden. Ohne diese Zustimmung handelt es sich um einen Verstoß gegen das Recht am eigenen Bild. Ausnahmen bilden nur Aufnahmen größerer Gruppen.

Ganz kritisch wird es, Fotos von irgendeiner Webseite herunterzuladen und für eigene Zwecke weiter zu verwenden oder in ein Forum zu stellen. Hier handelt es sich um einen klaren Verstoß gegen das Urheberrechtsgesetz, der eine saftige Geldstrafe und weitere Kosten für die Nutzungsrechte nach sich ziehen kann.

Chats

Chats sind ein wunderbares Mittel für die kostengünstige Kommunikation, besonders dann, wenn der Gesprächspartner sich in der Ferne befindet. Viele Chats bieten die Möglichkeit, neue Leute kennenzulernen und sich mit Gleichgesinnten auszutauschen.

Doch auch hier lauert Gefahr: Da man sich im Chat nicht auf die herkömmliche Art „beschnuppern" kann, ist man auf die Informationen angewiesen, die das Gegenüber von sich preisgibt. Stimme und Körpersprache können nicht wahrgenommen werden, und damit ist es viel leichter, eine ganz andere Identität vorzuspielen - was unter Umständen auch gefährlich werden kann.

Im Chat verschickte Links dienen manchmal dazu, durch den Aufruf einer Webseite Schadsoftware wie Trojaner auf dem PC des Gegenübers zu installieren.

Daher gelten auch hier ähnliche Regeln wie bei den wichtigsten Verhaltensmaßnahmen in den Foren: Nickname verwenden und Fremden keine persönlichen Daten offenbaren. Infos über Urlaubspläne und ähnliches nur dann ausplaudern, wenn man sicher ist, dass nur vertrauenswürdige Personen mitlesen.

Besondere Vorsicht ist geboten, wenn es zu realen Treffen mit Chatbekanntschaften kommt, zum Beispiel, weil man im Chat die wahre Liebe füreinander entdeckt hat. Das kann natürlich auch gutgehen - muss es aber nicht! In einigen Fällen hat so ein Treffen – womöglich nicht einmal an einem öffentlichen

Ort, sondern in einem einsamen Park oder gar einer Wohnung, auch schon böse geendet.

„Ich weiß, was du letzten Sommer getan hast!"

Die Betreffzeile in der frisch abgerufenen E-Mail lässt Sie aufhorchen. Schnell öffnen Sie die E-Mail, die von einem gewissen Sherlock Holmes stammt und deren Inhalt wirklich erstaunlich ist. Der Absender, der ganz offensichtlich nicht nur ein Liebhaber des Horrorfilm-Genres, sondern auch ein Kenner des ganz normalen Internethorrors ist, weiß tatsächlich genau über Sie Bescheid: So fragt er, ob Sie diesen Sommer Ihren Urlaub wieder in Spanien verbringen, ob Sie wieder das selbe Hotel in Alicante buchen (Sie wissen schon, das mit dem riesigen Kingsize-Bett), ob Sie immer noch soviel Ärger mit Ihrem Kollegen Hans Meier wegen seiner Mobbingaktivitäten haben, ob Sie mit Ihrem VW Golf noch zufrieden sind, den Sie im letzten Juni so günstig erstanden haben und ob Sie es inzwischen verkraftet haben, dass Ihr Lieblingsfußball-Verein abgestiegen ist. Zum Schluss interessiert sich der Absender noch brennend dafür, ob Ihre Frau Lisa inzwischen dahinter gekommen ist, dass Sie ein Verhältnis mit dem Au-pair-Mädchen aus Brasilien haben...

Sie fragen sich, woher Sherlock Holmes das alles weiß? Nun: Sehr viel kriminalistischen Spürsinn braucht er nicht, um an die gewünschten Informationen zu gelangen. Wir alle hinterlassen Datenspuren im Internet – gerade in den so genannten „sozialen Netzwerken" geben wir gerne etwas von uns preis, um Gleichgesinnte kennenzulernen, Antworten auf Fragen zu erhalten oder zu geben, über das aktuelle Weltgeschehen zu diskutieren oder auch, um Lösungen für sehr private Probleme zu bekommen. Inzwischen haben die deutschen Portale dieser Kontaktbörsen rund 9 Millionen Mitglieder – und täglich werden es mehr.

Einerseits eine wunderbare Sache, sich selbst darstellen zu können, sich mit Freunden auszutauschen oder sich beruflich zu informieren – andererseits wird bei der Preisgabe von Informationen über sich selbst oft vergessen, dass diese von den vielen anderen Usern des Netzwerkes mitgelesen werden können. Und das kann sehr schnell sehr peinlich werden oder Ihnen sogar Schaden zufügen!

Soziale Netzwerke funktionieren weitgehend nach dem gleichen Prinzip: Nach der Anmeldung mit Namen, Anschrift und E-Mail-Adresse steht Ihnen eine eigene Seite mit einer Eingabemaske zur Verfügung. Genau hier erstellen Sie Ihr Profil – Sie stellen sich vor, geben berufliche und/oder private Kontaktdaten ein, erzählen von Ihren Hobbies und von Ihrer Familie. In Diskussionsforen berichten Sie von dem Ärger mit Ihrem Kollegen, Ihrer Vergangenheit als Friedensaktivist, der Parteiarbeit oder gar von sexuellen Problemen.

Die neu geknüpften Kontakte werden in Freundes- oder Kontaktlisten eingetragen, über die Neuigkeiten zur eigenen Person („Morgen fahre ich für zwei Wochen in den Urlaub nach Alicante") rasch und unkompliziert verbreitet werden können.

Sicher hat es eine solche Art des Informationsaustausches auch schon früher gegeben: Da wurde am Telefon oder per Brief geschwatzt und geschrieben, was das Zeug hielt – allerdings mit der Ausnahme, dass diese Informationen nur an Außenstehende gelangten, wenn man eine Klatschtante geriet. Das ist heute definitiv anders: Jeder, der Mitglied in einem solchen Netzwerk ist, kann auf den Seiten der anderen User mitlesen! Und das sind noch längst nicht alle ... auch andere Personen, die an Ihnen interessiert sind, können vieles von dem, was Sie hinterlassen, einsehen. Auch Suchmaschinen wie Google durchsuchen die Netzwerke, wer also Ihren Namen in Google eingibt, wird schnell wissen, in welchen Netzwerken Sie gelistet sind. Von da aus ist es nur noch ein kleiner Schritt, um sich ebenfalls dort anzumelden und fleißig Ihre Diskussionsbeiträge zu studieren. Über die vielen Informationen – vielleicht auch aus verschiedenen Netzwerken zusammen gestellt – über Ihre Freunde, Hobbies, Familie, politische Ansichten und sexuellen Vorlieben entsteht schnell ein ausführliches Profil von Ihnen, welches Sie, egal ob es richtig ist oder auch nicht, bestimmt nicht so der Öffentlichkeit bekannt geben wollen.

Diese Tatsache machen sich natürlich auch die Personalchefs vieler Unternehmen und Headhunter zu Nutze: Inzwischen wird schon jeder vierte Bewerber „gegoogelt". Wie peinlich, wenn Sie während ihres Bewerbungsgespräches nach Ihrem ausschweifenden Nachtleben gefragt werden, Ihr Statement in einem Netzwerk „Freizeit ist mir wichtiger als Arbeit" gar nicht gut ankommt oder in einem Netzwerk für alte Schulkameraden (stayfriends) zu lesen ist, dass Sie die Hauptschule in Buxtehude und nicht, wie in der Bewerbung angegeben, ein privates Eliteinternat in Großbritannien besucht haben.

Wie nutzen Datendiebe soziale Netzwerke?

Durch die Verknüpfung der in den Netzwerken auslesbaren Daten mit denen aus anderen Quellen im Internet (Eigene Websites, Chats, Foren etc.) erhalten Datendiebe umfangreiche Informationen, die sich zu einem aussagekräftigen Profil zusammen fassen lassen.

So lassen sich die verschiedensten Aussagen über eine Person treffen: Über das Kaufverhalten, Freizeitbetätigungen, Urlaubsvorlieben und vieles mehr. Der Verkauf dieser Daten bringt dem Datendieb je nach Güte bis zu 30,00 Euro pro ausgespähter Person.

Anfang 2007 gelang es Hackern, auf das Studentennetzwerk StudiVZ zuzugreifen und E-Mail-Adressen, Freundschaftsverbindungen sowie Zugangsdaten auszulesen. Erst im Sommer 2008 wurde bekannt, dass Facebook eine Sicherheitslücke aufwies, die die Möglichkeit zum Datendiebstahl eröffnete.

> *Viren bei MySpace*
>
> Die Firma Kaspersky, die Anti-Viren-Software herstellt, warnt vor einer Welle von gefährlichen Viren auf „Social Network"-Websites wie MySpace und Facebook. Die aktuellen Schädlinge befallen direkt die Profile von Benutzern – und schicken von dort aus wahllos Nachrichten an alle Personen in der Freundesliste. In den Nachrichten finden sich Links zu Videos im Internet. Wer die entsprechenden Seiten besucht, handelt sich schnell Würmer und Trojaner ein.
>
> *Quelle: Hamburger Morgenpost*

Allerdings gehen nicht nur Datendiebe, sondern auch die „realen" Diebe mit der Zeit! Sie nutzen die sozialen Netzwerke, um heraus zu finden, ob sich der Einbruch bei Ihnen lohnt und wann Sie in den Urlaub fahren – schließlich arbeiten auch Einbrecher gerne gezielt und ungestört.

Wie können Sie sich schützen?

Indem Sie sparsam und bewusst mit der Preisgabe von Informationen zu Ihrer Person umgehen. Natürlich möchten wir die sozialen Netzwerke nicht verteufeln – im Gegenteil: Auch die Autorinnen nutzen und schätzen den Austausch im Internet. Aber in diesem Fall gilt tatsächlich: Geiz ist geil! Machen Sie sich klar, wer alles mitlesen kann, und nutzen Sie die technischen Möglichkeiten der Netzwerke. Alle bieten in den Profileinstellungen die Möglichkeit, Daten für andere Nutzer „unsichtbar" zu hinterlegen (meist unter „Privatsphäre" oder „Privacy"). Oftmals können Sie hier auch anderen Lesern verschiedene Zugriffsrechte (z.B. nur private oder berufliche Kontaktdaten, Telefonnummer, Geburtsdatum etc.) einzuräumen.

Auch im so genannten „privaten" Bereich sollten Sie Informationen nur mit viel Bedacht einstellen. Adressen, Telefonnummern, Geburtsdaten und Bankverbindungen sind gefundene Fressen für Cyberkriminelle.

Nutzen Sie – sofern es nicht wie zum Beispiel bei Business-Netzwerken erforderlich ist, den richtigen Namen anzugeben – die Möglichkeit, sich unter einem Nickname (Spitzname) anzumelden. Diese Art der Scheinidentität ermöglicht Ihnen, sich auch über sehr intime oder sensible Themen auszutauschen, ohne dass Dritte Rückschlüsse auf Ihre Person ziehen können.

Die bekanntesten sozialen Netzwerke

StudiVZ   www.StudiVZ.net

- Plattform für Studenten und Absolventen
- Mitglieder: ca. 6 Millionen
- Themen: Alles rund um den Campus, Privates aller Art

Facebook   www.facebook.com

- Plattform für „Jedermann"
- Mitglieder: ca. 80 Millionen weltweit
- Themen: jeder Art, Einteilung in Netz-werke (z.B. regionale oder berufliche Gruppen), Marktplatz für das Inserieren von Anzeigen, „Beobachtungsliste" für Ak-tivitäten der eigenen Kontakte

My Space   www.myspace.com

- Plattform für jeden, der sich selbst dar-stellen möchte
- Mitglieder: mehr als 200 Millionen welt-weit
- Themen: Unterschiedliche Gestal-tungsmöglichkeiten für den eigenen Platz (Space), Möglichkeit, Videos, Musik und Fotos einzubinden

SchülerVZ   www.schuelervz.net

- Plattform für Schüler ab 12 Jahren
- Mitglieder: ca. 4 Millionen
- Themen: alles rund um die Schule, Diskussionsforen, Pinwände

XING   www.xing.com

- Plattform für berufliche Kontakte
- Mitglieder: ca. 5,8 Millionen weltweit
- Themen: Diskussionen in berufs- oder interessenspezifischen Gruppen, persönliche Darstellung auf eigener Startseite, Jobbörse,   kostenpflichtige   Premiummitgliedschaft bietet erweiterte Suchfunktion (wer hat wann mein Profil eingesehen, meine Website besucht, woher kam er?), Statusleiste für die gezielte Information an bestätigte Kontakte

StayFriends   www.stayfriends.de

- Plattform für Schulfreunde
- Mitglieder: ca. 6,4 Millionen
- Themen: Suche ehemaliger Mitschüler, Austausch über das frühere Schülerdasein, Möglichkeit, Fotos einzustellen, eigene Postbox, Organisation von Klassentreffen

Auskunft, Änderung & Co. – Ihre Rechte als Betroffener

Im Datenschutzrecht werden Personen, auf die sich Informationen beziehen, als „Betroffene" bezeichnet. Als Betroffener haben Sie gegenüber privaten Unternehmen grundlegende Rechte hinsichtlich Ihrer personenbezogenen Daten. Diese Rechte kann Ihnen niemand nehmen oder einschränken, auch nicht durch vertragliche Klauseln, wie sie z.B. gerne in den Allgemeinen Geschäftsbedingungen (AGB) verwendet werden. Unabhängig von Wohnort, Alter oder Nationalität hat wirklich jeder Anspruch auf die Rechte über die zu seiner Person gespeicherten Daten.

Den Anfang macht das Recht auf Benachrichtigung über die Datenerhebung. Dieses Recht ist in § 33 BDSG (Bundesdatenschutzgesetz) geregelt. Es sagt aus, dass der Betroffene bei der Datenerhebung darüber zu informieren ist, welche Stelle (also welches Unternehmen) seine Daten zu welchem Zweck erhebt. Diese Unternehmen werden im Datenschutzrecht als „verantwortliche Stelle" bezeichnet. Außerdem muss der Betroffene darüber informiert werden, ob es eine Verpflichtung zur Angabe der Daten gibt und ob die Daten an Dritte übermittelt werden. Dieses Recht ist besonders dann wichtig, wenn Daten ohne Kenntnis des Betroffenen erhoben werden. Es ist allerdings zum Teil (zum Beispiel bei strafrechtlichen Ermittlungsverfahren oder bei der Steuerfahndung durch die Finanzbehörden) eingeschränkt.

Ein weiteres sehr wichtiges Recht ist das Recht auf Auskunft, das in § 34 BDSG geregelt ist. Dieses Recht wird aufgrund der zunehmenden Sensibilisierung der Bürger für den Datenschutz immer häufiger in Anspruch genommen. Das Recht auf Auskunft besagt, dass Betroffene einen Anspruch auf Auskunft über die Informationen haben, die ein Unternehmen über sie gespeichert hat. Hierzu gehören auch die Angabe des Zweckes, zu dem die Daten gespeichert worden sind und die Auskunft darüber, woher die Daten stammen. Zusätzlich muss der Betroffene darüber informiert werden, an welche anderen Stellen die Daten übermittelt, also weiter gegeben werden. Jeder Bürger hat damit das Recht auf Auskunft darüber, ob und welche Daten über ihn gespeichert werden, also:

- ✓ Werden Daten über den Betroffenen gespeichert; wenn ja: Welche?

- ✓ Die Identität der verantwortlichen Stelle: Wer verarbeitet die Daten?

- ✓ Zweckbestimmung: Zu welchen Zwecken werden die Daten gespeichert?

- ✓ Herkunft der gespeicherten Daten: Woher hat die verantwortliche Stelle die Daten?

- ✓ Datenempfänger: An welche Stellen werden die Daten weiter gegeben?

Stellt sich heraus, dass die gespeicherten Daten über einen Betroffenen fehlerhaft sind, so kommt das dritte Recht zum Tragen: Das Recht auf Berichtigung. In manchen Fällen, zum Beispiel wenn der Betroffene behauptet, die über ihn gespeicherten Informationen seien falsch, er dies aber nicht nachweisen kann, so hat er ein weiteres Recht, und zwar das Recht auf Sperrung. Dieses Recht besagt, dass diese Daten in den Datenverarbeitungssystemen der verantwortlichen Stelle als „gesperrt" markiert werden müssen und bis zur Klärung der Sachlage nicht weiter verarbeitet, geändert oder gelöscht werden dürfen. Dieses Recht greift auch dann, wenn die Daten für den Zweck, für den sie erhoben wurden, nicht mehr erforderlich sind, aber aufgrund anderer Rechtsvorschriften (zum Beispiel für die steuerliche Nachweispflicht) weiter aufbewahrt werden müssen.

Zuletzt gibt es das Recht auf Löschung – alle Daten, die nicht mehr für den Zweck, zu dem sie erhoben wurden, benötigt werden und die keiner anderen Aufbewahrungspflicht unterliegen, müssen gelöscht werden.

Wie ist bei einem Auskunftsersuchen vorzugehen?

Grundsätzlich ist nicht vorgeschrieben, auf welche Art Sie sich an Unternehmen zu wenden haben, wenn Sie Auskunft über die zu Ihrer Person gespeicherten Daten haben möchten. Theoretisch reicht es aus, bei dem Unternehmen anzurufen und um Auskunft zu ersuchen oder – sofern Sie vielleicht in der Nähe wohnen – einfach mal vorbei zu schauen und nachzufragen. Allerdings können Sie in diesen Fällen kaum auf eine sofortige Auskunft hoffen. Gerade bei der telefonischen Auskunft reagieren viele Unternehmen sensibel, da sie darauf zu achten haben, dass es sich bei dem Anrufer auch wirklich um den Betroffenen handelt und nicht etwa um einen Stalker, der alles über das Objekt seiner Begierde wissen möchte. Da bei einer telefonischen Anfrage eine sichere Identifikation kaum möglich ist, handeln die meisten Unternehmen nach dem Grundsatz: Niemals telefonische Auskunft geben – eine Vorgehensweise, die aus Sicht der Betroffenen nur löblich ist! Auch der plötzlich vor der Türe stehende Betroffene wird zumeist abgewiesen, auch er kann aufgrund interner Vorgänge oder wegen einer Unternehmensrichtlinie zum Ablauf bei Auskunftsersuchen nicht auf eine sofortige Erledigung seines Anliegens hoffen.

Empfehlenswert ist es also, das Auskunftsersuchen schriftlich abzuwickeln. Eine Kopie des Personalausweises reicht im Allgemeinen aus, um die erforderliche Legitimation nachzuweisen. Es ist übrigens nicht erforderlich, das Auskunftsersuchen per Einschreiben oder gar per Einschreiben mit Rückschein zu versenden – ein einfacher Brief genügt völlig.

Auch die nähere Spezifizierung der Anfrage erleichtert und beschleunigt die Abwicklung. Der Satz: „Bitte teilen Sie mir alle Daten zu meiner Person, die in Ihrem Unternehmen im Zusammenhang mit Kaufvertrag XYZ gespeichert wurden, mit." sorgt für eine wesentlich schnellere Bearbeitung als ein lapidares: „Ich will alles wissen, was Sie über mich gespeichert haben!" Nichtsdestotrotz bleibt natürlich das Recht darauf bestehen, über alles informiert zu werden, was das Unternehmen zu Ihrer Person gespeichert hat!

Durch die Auskunftsersuchen kann den Unternehmen natürlich ein erhöhter Zeit- und Kostenaufwand entstehen. Manche findige Unternehmen sehen darin eine zusätzliche Einnahmequelle und stellen den Betroffenen eine Bearbeitungsgebühr für die Auskunft in Rechnung. Diese Vorgehensweise ist allerdings ungesetzlich: Die Auskunft muss für den Betroffenen grundsätzlich kostenlos sein! Es gibt aber auch einige wenige Ausnahmen, und zwar für schriftliche Auskünfte von Kreditauskunfteien oder ähnlichen Einrichtungen (z.B. SCHUFA), die gegenüber Dritten wirtschaftlich, also etwa zu Bonitätsanfragen, genutzt werden. Hier dürfen dann aber auch nur die tatsächlich entstandenen Kosten berechnet werden und nicht etwa eine höhere „Bearbeitungsgebühr". Ergibt sich aus einer solchen Auskunft, dass die Daten falsch sind oder unzulässigerweise gespeichert wurden, so gilt allerdings auch hier: Diese Auskunft ist für den Betroffenen kostenlos!

Was tun bei Auskunftsverweigerung?

Das angefragte Unternehmen macht keinerlei Anstalten, auf Ihr Auskunftsersuchen zu antworten? Auch auf eine schriftliche Erinnerung mit Fristsetzung erfolgt keine Reaktion? Oder das Unternehmen beantwortet zwar Ihre

Anfrage, aber Sie haben das unangenehme Gefühl, dass die angegebenen Daten nicht vollständig sind? In diesen Fällen können Sie sich an die zuständigen Datenschutzkontrollinstanzen wenden, also an die Datenschutzaufsichtsbehörde Ihres Bundeslandes oder an den Bundesdatenschutzbeauftragten (Adressen im Anhang). Diese sind verpflichtet, Ihrer Beschwerde nach zu gehen und Sie über den Ausgang des Verfahrens zu informieren. Weiterhin steht es Ihnen natürlich frei, die Auskunft gerichtlich einzuklagen.

Heutzutage sind schon Schulanfänger im Internet unterwegs. Unsere Kinder spielen Online-Games, machen Hausaufgaben, informieren sich über ihre Lieblingshaustiere, lernen gemeinsam mit Schulkameraden, chatten mit Freunden oder besuchen die Website des angehimmelten Stars.

Eine Tatsache, die viele Eltern mit Sorge beobachten. Selbstverständlich bringt hier ein Totalverbot überhaupt nichts, schließlich sollen die Kinder den Umgang mit den modernen Medien erlernen und allein schon im Hinblick auf die spätere berufliche Laufbahn sicher nutzen können. Dabei ist es wichtig, dass der internetfähige Nachwuchs auch lernt, sich vor den Gefahren im Internet zu schützen. Mit wenigen Regeln und Vorsichtsmaßnahmen können Sie für den sicheren Umgang Ihrer Kinder mit dem Internet Sorge tragen.

Das 12 – Punkte Kindersicherungsprogramm

1. Richten Sie Ihrem Kind am Familien-PC eine eigene Benutzeroberfläche ein. Dies geht ganz einfach in der Systemsteuerung unter dem Punkt „Benutzerkonten". So verhindern Sie, dass Ihr Kind versehentlich

Ihre Fotos oder Dateien ins Internet stellt oder löscht.

2. Stellen Sie die Sicherheitsstufe des Browsers auf „sehr hoch". Diese können Sie beim Internet-Explorer unter dem Menüpunkt „Extras" in den „Internetoptionen" festlegen.

3. Verhindern Sie das Öffnen von Popup-Fenstern. Die Funktion „Popup-Fenster ausschalten" finden Sie ebenfalls in den „Internetoptionen".

4. Richten Sie Ihrem Kind eigene Ordner ein, zum Beispiel: Schule, Hobby, Freunde, Fotos, Spiele. So lernt Ihr Kind nicht nur, Daten strukturiert abzulegen und wieder finden zu können, Sie behalten auch den Überblick über das, was Ihr Kind am PC macht.

5. Bestimmen Sie, welche Websites Ihr Kind besuchen darf. Windows Vista gibt Ihnen eine Vorauswahl in der „Live Family Safety". Dieses Menü, das Ihnen auch die Möglichkeit bietet, bestimmte Spiele zu sperren oder ein Zeitlimit für beliebige Wochentage zu setzen, finden Sie in der Systemsteuerung unter „Benutzerkonten" und „Jugendschutz für beliebige Benutzer einrichten".

6. Ihr Kind möchte sich gerne per E-Mail mit seinen Freunden austauschen? Richten Sie ihm eine E-Mail – Adresse ein, die den richtigen Namen Ihres Kindes nicht verrät, zum Beispiel zauberkind@gmx.de.

7. Lassen Sie Ihr Kind nicht alleine surfen!

Gerade im Grundschulalter sollten Kinder nie alleine im Internet unterwegs sein. Ab einem Alter von zwölf Jahren darf Ihr Kind dann durchaus auch alleine „online" gehen.

8. Erklären Sie Ihrem Kind die Gefahren im Internet. Erzählen Sie, was mit seinen Beiträgen oder seinem Profil in Netzwerken (z.B. SchülerVZ) alles passieren kann und wer alles mitliest.

9. Verbieten Sie den Download von Musikdateien, Spielen oder Videos. Vor dem Herunterladen sollte Ihr Kind Sie grundsätzlich um Erlaubnis fragen. So verhindern Sie kostenpflichtige Downloads, das Herunterladen von Schadsoftware und den illegalen Download von Musik oder Fotos.

10. Setzen Sie Regeln für das Chatten im Internet: Möglichst niemals den realen Namen verwenden, keine privaten Daten freigeben (Mein Papi war neulich ganz doll betrunken), die Telefonnummer und die Anschrift nicht angeben. Das wichtigste Gebot: Niemals ohne Begleitung der Eltern mit Personen treffen, die man im Internet kennen gelernt hat und die Eltern sofort informieren, wenn sich jemand im Chat „irgendwie komisch" verhält oder etwas unheimlich erscheint!

11. Der Einkauf im Internet ist verboten! Kinder sollten grundsätzlich fragen, bevor sie Internetgeschäfte tätigen.

12. Ihr Kind möchte in Suchmaschinen (z.B. für Hausaufgaben) recherchieren? Lassen Sie die Suchmaschine Inhalte mit

pornografischen Inhalten heraus filtern. Das funktioniert zum Beispiel bei Google in den „Einstellungen" im „Safe Search-Filter". Hier die Option „Strikte Filterung verwenden" aktivieren. Inzwischen gibt es auch spezielle Suchmaschinen für Kinder: So findet beispielweise www.blindekuh.de nur kindgerechte Seiten.

Zu guter Letzt noch ein Tipp für alle Eltern: Natürlich sollten Sie die Internetaktivitäten Ihres Kindes im Auge behalten und auch kontrollieren. Aber auch hier gilt es, die richtige Balance zwischen berechtigter Aufsichtspflicht und Vertrauen zu finden. Auch Ihr Kind hat ein Recht auf seine Privatsphäre! Schauen Sie sich gemeinsam mit Ihrem Kind an, was es online macht, stöbern Sie nur im Verdachtsfall in seinen Dateien und lassen Sie Ihr Kind bei den Kontrollen mit dabei sein. Selbstverständlich sind Dateien namens „Tagebuch" oder „Geheimes" auch für Eltern tabu – hier sollten Sie wirklich nur im absoluten Notfall Einsicht nehmen.

Surftipp: www.schauhin.info Die Seite für Eltern, deren Kinder die Medienwelt entdecken.

Musterschreiben

Werbewiderspruch

```
Absender                          Datum


Anschrift Unternehmen

Werbewiderspruch nach § 28 Abs. 4 BDSG

Sehr geehrte Damen und Herren,

gemäß § 28 Abs. 4 Bundesdatenschutzgesetz
(BDSG) widerspreche ich der Nutzung und
Übermittlung meiner Daten für Zwecke der
Werbung, der Marktforschung sowie der Mei-
nungsforschung.

Gleichzeitig fordere ich Sie hiermit auf,
die über meine Person gespeicherten Daten
umgehend für Zwecke dieser Art zu sperren.

Mit freundlichen Grüßen
```

Auskunftsersuchen

```
Absender                              Datum


Anschrift Unternehmen

Auskunftsersuchen nach § 34 BDSG

Sehr geehrte Damen und Herren,

gemäß § 34 Bundesdatenschutzgesetz (BDSG)
bitte ich Sie hiermit um Auskunft darüber:

      •    welche Daten Sie zu meiner Person
           gespeichert haben,

      •    aus welchen Quellen diese Daten
           stammen,

      •    zu welchem Zweck die Speicherung
           erfolgt und

      •    an welche sonstigen Stellen diese
           Daten weitergegeben werden.

Ich bitte um Antwort bis zum xx.xx.xxxx
(zwei Wochen später).

Mit freundlichen Grüßen
```

Widerspruch gegen unberechtigte Abbuchung vom Konto

Absender   Datum

Anschrift eigene Bank / Sparkasse

Widerspruch gegen Abbuchung ohne Einwilligung / Konto-Nummer: xxx xxx xxx

Sehr geehrte Damen und Herren,

auf meinem Kontoauszug Nr. … vom … ist folgende Belastung per Lastschrift gebucht:

Buchungsdatum: …
Buchungstext: …
Betrag: …

Da ich für diese Abbuchung keine Einzugsermächtigung erteilt habe, bitte ich um sofortige Annullierung der Buchung.

Mit freundlichen Grüßen

Auszüge aus Gesetzestexten

Gesetz gegen den unlauteren Wettbewerb (UWG)

§ 7 Unzumutbare Belästigungen

(1) Unlauter im Sinne von § 3 handelt, wer einen Marktteilnehmer in unzumutbarer Weise belästigt.

(2) Eine unzumutbare Belästigung ist insbesondere anzunehmen

1. bei einer Werbung, obwohl erkennbar ist, dass der Empfänger diese Werbung nicht wünscht;
2. bei einer Werbung mit Telefonanrufen gegenüber Verbrauchern ohne deren Einwilligung oder gegenüber sonstigen Marktteilnehmern ohne deren zumindest mutmaßliche Einwilligung;
3. bei einer Werbung unter Verwendung von automatischen Anrufmaschinen, Faxgeräten oder elektronischer Post, ohne dass eine Einwilligung der Adressaten vorliegt;
4. bei einer Werbung mit Nachrichten, bei der die Identität des Absenders, in dessen Auftrag die Nachricht übermittelt wird, verschleiert oder verheimlicht wird oder bei der keine gültige Adresse vorhanden ist, an

die der Empfänger eine Aufforderung zur Einstellung solcher Nachrichten richten kann, ohne dass hierfür andere als die Übermittlungskosten nach den Basistarifen entstehen.

(3) Abweichend von Absatz 2 Nr. 3 ist eine unzumutbare Belästigung bei einer Werbung unter Verwendung elektronischer Post nicht anzunehmen, wenn

1. ein Unternehmer im Zusammenhang mit dem Verkauf einer Ware oder Dienstleistung von dem Kunden dessen elektronische Postadresse erhalten hat,

2. der Unternehmer die Adresse zur Direktwerbung für eigene ähnliche Waren oder Dienstleistungen verwendet,

3. der Kunde der Verwendung nicht widersprochen hat und

4. der Kunde bei Erhebung der Adresse und bei jeder Verwendung klar und deutlich darauf hingewiesen wird, dass er der Verwendung jederzeit widersprechen kann, ohne dass hierfür andere als die Übermittlungskosten nach den Basistarifen entstehen.

§ 16 Strafbare Werbung

(1) Wer in der Absicht, den Anschein eines besonders günstigen Angebots hervorzurufen, in öffentlichen Bekanntmachungen oder in

Mitteilungen, die für einen größeren Kreis von Personen bestimmt sind, durch unwahre Angaben irreführend wirbt, wird mit Freiheitsstrafe bis zu zwei Jahren oder mit Geldstrafe bestraft.

(2) Wer es im geschäftlichen Verkehr unternimmt, Verbraucher zur Abnahme von Waren, Dienstleistungen oder Rechten durch das Versprechen zu veranlassen, sie würden entweder vom Veranstalter selbst oder von einem Dritten besondere Vorteile erlangen, wenn sie andere zum Abschluss gleichartiger Geschäfte veranlassen, die ihrerseits nach der Art dieser Werbung derartige Vorteile für eine entsprechende Werbung weiterer Abnehmer erlangen sollen, wird mit Freiheitsstrafe oder mit Geldstrafe bestraft.

Anmerkung der Autorinnen für alle, die noch mit der Entschlüsselung der Juristensprache in Absatz (2) kämpfen: Gemeint ist hier das Schneeballprinzip oder das Multi-Level-Marketing.

Bundesdatenschutzgesetz (BDSG)

§ 4 Zulässigkeit der Datenerhebung, -verarbeitung und -nutzung

(1) Die Erhebung, Verarbeitung und Nutzung personenbezogener Daten sind nur zulässig, soweit dieses Gesetz oder eine andere Rechtsvorschrift dies erlaubt oder anordnet oder der Betroffene eingewilligt hat.

(2) Personenbezogene Daten sind beim Betroffenen zu erheben. Ohne seine Mitwirkung dürfen sie nur erhoben werden, wenn

1. eine Rechtsvorschrift dies vorsieht oder zwingend voraussetzt oder

2. a) die zu erfüllende Verwaltungsaufgabe ihrer Art nach oder der Geschäftszweck eine Erhebung bei anderen Personen oder Stellen erforderlich macht oder

b) die Erhebung beim Betroffenen einen unverhältnismäßigen Aufwand erfordern würde und keine Anhaltspunkte dafür bestehen, dass überwiegende schutzwürdige Interessen des Betroffenen beeinträchtigt werden.

(3) Werden personenbezogene Daten beim Betroffenen erhoben, so ist er, sofern er nicht bereits auf andere Weise Kenntnis erlangt hat, von der verantwortlichen Stelle über

1. die Identität der verantwortlichen Stelle,

2. die Zweckbestimmungen der Erhebung, Verarbeitung oder Nutzung und

3. die Kategorien von Empfängern nur, soweit der Betroffene nach den Umständen des Einzelfalles nicht mit der Übermittlung an diese rechnen muss,

zu unterrichten. Werden personenbezogene Daten beim Betroffenen aufgrund einer Rechtsvorschrift erhoben, die zur Auskunft verpflichtet, oder ist die Erteilung der Auskunft Voraussetzung für die Gewährung von Rechtsvorteilen, so ist der Betroffene hierauf, sonst auf die Freiwilligkeit seiner Angaben hinzuweisen. Soweit nach den Umständen des Einzelfalles erforderlich oder auf Verlangen, ist er über die Rechtsvorschrift und über die Folgen der Verweigerung von Angaben aufzuklären.

§ 4a Einwilligung

(1) Die Einwilligung ist nur wirksam, wenn sie auf der freien Entscheidung des Betroffenen beruht. Er ist auf den vorgesehenen Zweck der Erhebung, Verarbeitung oder Nutzung sowie, soweit nach den Umständen des Einzelfalles erforderlich oder auf Verlangen, auf die Folgen der Verweigerung der Einwilligung hinzuweisen. Die Einwilligung bedarf der Schrift-

form, soweit nicht wegen besonderer Umstände eine andere Form angemessen ist. Soll die Einwilligung zusammen mit anderen Erklärungen schriftlich erteilt werden, ist sie besonders hervorzuheben.

(2) Im Bereich der wissenschaftlichen Forschung liegt ein besonderer Umstand im Sinne von Absatz 1 Satz 3 auch dann vor, wenn durch die Schriftform der bestimmte Forschungszweck erheblich beeinträchtigt würde. In diesem Fall sind der Hinweis nach Absatz 1 Satz 2 und die Gründe, aus denen sich die erhebliche Beeinträchtigung des bestimmten Forschungszwecks ergibt, schriftlich festzuhalten.

(3) Soweit besondere Arten personenbezogener Daten (§ 3 Abs. 9) erhoben, verarbeitet oder genutzt werden, muss sich die Einwilligung darüber hinaus ausdrücklich auf diese Daten beziehen.

§ 6 Unabdingbare Rechte des Betroffenen

(1) Die Rechte des Betroffenen auf Auskunft (§§ 19, 34) und auf Berichtigung, Löschung oder Sperrung (§§ 20, 35) können nicht durch Rechtsgeschäft ausgeschlossen oder beschränkt werden.

(2) Sind die Daten des Betroffenen automatisiert in der Weise gespeichert, dass mehrere Stellen speicherungsberechtigt sind, und ist der Betroffene nicht in der Lage festzustellen, welche Stelle die Daten gespeichert hat, so kann er sich an jede dieser Stellen wenden. Diese ist verpflichtet, das Vorbringen des Betroffenen an die Stelle, die die Daten gespeichert hat, weiterzuleiten. Der Betroffene ist über die Weiterleitung und jene Stelle zu unterrichten. Die in § 19 Abs. 3 genannten Stellen, die Behörden der Staatsanwaltschaft und der Polizei sowie öffentliche Stellen der Finanzverwaltung, soweit sie personenbezogene Daten in Erfüllung ihrer gesetzlichen Aufgaben im Anwendungsbereich der Abgabenordnung zur Überwachung und Prüfung speichern, können statt des Betroffenen den Bundesbeauftragten für den Datenschutz und die Informationsfreiheit unterrichten. In diesem Fall richtet sich das weitere Verfahren nach § 19 Abs. 6.

§ 7 Schadensersatz

Fügt eine verantwortliche Stelle dem Betroffenen durch eine nach diesem Gesetz oder nach anderen Vorschriften über den Datenschutz unzulässige oder unrichtige Erhebung, Verarbeitung oder Nutzung seiner personenbezogenen Daten einen Schaden zu, ist sie oder ihr

Träger dem Betroffenen zum Schadensersatz verpflichtet. Die Ersatzpflicht entfällt, soweit die verantwortliche Stelle die nach den Umständen des Falles gebotene Sorgfalt beachtet hat.

§ 28 Datenerhebung, -verarbeitung und -nutzung für eigene Zwecke

(1) Das Erheben, Speichern, Verändern oder Übermitteln personenbezogener Daten oder ihre Nutzung als Mittel für die Erfüllung eigener Geschäftszwecke ist zulässig

1. wenn es der Zweckbestimmung eines Vertragsverhältnisses oder vertragsähnlichen Vertrauensverhältnisses mit dem Betroffenen dient,

2. soweit es zur Wahrung berechtigter Interessen der verantwortlichen Stelle erforderlich ist und kein Grund zu der Annahme besteht, dass das schutzwürdige Interesse des Betroffenen an dem Ausschluss der Verarbeitung oder Nutzung überwiegt, oder

3. wenn die Daten allgemein zugänglich sind oder die verantwortliche Stelle sie veröffentlichen dürfte, es sei denn, dass das schutzwürdige Interesse des Betroffenen an dem Ausschluss der Verarbeitung oder Nutzung gege-

nüber dem berechtigten Interesse der verantwortlichen Stelle offensichtlich überwiegt.

Bei der Erhebung personenbezogener Daten sind die Zwecke, für die die Daten verarbeitet oder genutzt werden sollen, konkret festzulegen.

(2) Für einen anderen Zweck dürfen sie nur unter den Voraussetzungen des Absatzes 1 Satz 1 Nr. 2 und 3 übermittelt oder genutzt werden.

(3) Die Übermittlung oder Nutzung für einen anderen Zweck ist auch zulässig:

1. soweit es zur Wahrung berechtigter Interessen eines Dritten oder

2. zur Abwehr von Gefahren für die staatliche und öffentliche Sicherheit sowie zur Verfolgung von Straftaten erforderlich ist, oder

3. für Zwecke der Werbung, der Markt- und Meinungsforschung, wenn es sich um listenmäßig oder sonst zusammengefasste Daten über Angehörige einer Personengruppe handelt, die sich auf

a) eine Angabe über die Zugehörigkeit des Betroffenen zu dieser Personengruppe,

b) Berufs-, Branchen- oder Geschäftsbezeichnung,

c) Namen,

d) Titel,

e) akademische Grade,

f) Anschrift und

g) Geburtsjahr

beschränken

und kein Grund zu der Annahme besteht, dass der Betroffene ein schutzwürdiges Interesse an dem Ausschluss der Übermittlung oder Nutzung hat, oder

4. wenn es im Interesse einer Forschungseinrichtung zur Durchführung wissenschaftlicher Forschung erforderlich ist, das wissenschaftliche Interesse an der Durchführung des Forschungsvorhabens das Interesse des Betroffenen an dem Ausschluss der Zweckänderung erheblich überwiegt und der Zweck der Forschung auf andere Weise nicht oder nur mit unverhältnismäßigem Aufwand erreicht werden kann.

In den Fällen des Satzes 1 Nr. 3 ist anzunehmen, dass dieses Interesse besteht, wenn im Rahmen der Zweckbestimmung eines Vertragsverhältnisses oder vertragsähnlichen Vertrauensverhältnisses gespeicherte Daten übermittelt werden sollen, die sich

1. auf strafbare Handlungen,

2. auf Ordnungswidrigkeiten sowie

3. bei Übermittlung durch den Arbeitgeber auf arbeitsrechtliche Rechtsverhältnisse

beziehen.

(4) Widerspricht der Betroffene bei der verantwortlichen Stelle der Nutzung oder Übermittlung seiner Daten für Zwecke der Werbung oder der Markt- oder Meinungsforschung, ist eine Nutzung oder Übermittlung für diese Zwecke unzulässig. Der Betroffene ist bei der Ansprache zum Zweck der Werbung oder der Markt- oder Meinungsforschung über die verantwortliche Stelle sowie über das Widerspruchsrecht nach Satz 1 zu unterrichten; soweit der Ansprechende personenbezogene Daten des Betroffenen nutzt, die bei einer ihm nicht bekannten Stelle gespeichert sind, hat er auch sicherzustellen, dass der Betroffene Kenntnis über die Herkunft der Daten erhalten

kann. Widerspricht der Betroffene bei dem Dritten, dem die Daten nach Absatz 3 übermittelt werden, der Verarbeitung oder Nutzung für Zwecke der Werbung oder der Markt- oder Meinungsforschung, hat dieser die Daten für diese Zwecke zu sperren.

(5) Der Dritte, dem die Daten übermittelt worden sind, darf diese nur für den Zweck verarbeiten oder nutzen, zu dessen Erfüllung sie ihm übermittelt werden. Eine Verarbeitung oder Nutzung für andere Zwecke ist nicht-öffentlichen Stellen nur unter den Voraussetzungen der Absätze 2 und 3 und öffentlichen Stellen nur unter den Voraussetzungen des § 14 Abs. 2 erlaubt. Die übermittelnde Stelle hat ihn darauf hinzuweisen.

(6) Das Erheben, Verarbeiten und Nutzen von besonderen Arten personenbezogener Daten (§ 3 Abs. 9) für eigene Geschäftszwecke ist zulässig, soweit nicht der Betroffene nach Maßgabe des § 4a Abs. 3 eingewilligt hat, wenn

1. dies zum Schutz lebenswichtiger Interessen des Betroffenen oder eines Dritten erforderlich ist, sofern der Betroffene aus physischen oder rechtlichen Gründen außerstande ist, seine Einwilligung zu geben,

2. es sich um Daten handelt, die der Betroffene offenkundig öffentlich gemacht hat,

3. dies zur Geltendmachung, Ausübung oder Verteidigung rechtlicher Ansprüche erforderlich ist und kein Grund zu der Annahme besteht, dass das schutzwürdige Interesse des Betroffenen an dem Ausschluss der Erhebung, Verarbeitung oder Nutzung überwiegt, oder

4. dies zur Durchführung wissenschaftlicher Forschung erforderlich ist, das wissenschaftliche Interesse an der Durchführung des Forschungsvorhabens das Interesse des Betroffenen an dem Ausschluss der Erhebung, Verarbeitung und Nutzung erheblich überwiegt und der Zweck der Forschung auf andere Weise nicht oder nur mit unverhältnismäßigem Aufwand erreicht werden kann.

(7) Das Erheben von besonderen Arten personenbezogener Daten (§ 3 Abs. 9) ist ferner zulässig, wenn dies zum Zweck der Gesundheitsvorsorge, der medizinischen Diagnostik, der Gesundheitsversorgung oder Behandlung oder für die Verwaltung von Gesundheitsdiensten erforderlich ist und die Verarbeitung dieser Daten durch ärztliches Personal oder durch sonstige Personen erfolgt, die einer entsprechenden Geheimhaltungspflicht unterliegen. Die Verarbeitung und Nutzung

von Daten zu den in Satz 1 genannten Zwecken richtet sich nach den für die in Satz 1 genannten Personen geltenden Geheimhaltungspflichten. Werden zu einem in Satz 1 genannten Zweck Daten über die Gesundheit von Personen durch Angehörige eines anderen als in § 203 Abs. 1 und 3 des Strafgesetzbuches genannten Berufes, dessen Ausübung die Feststellung, Heilung oder Linderung von Krankheiten oder die Herstellung oder den Vertrieb von Hilfsmitteln mit sich bringt, erhoben, verarbeitet oder genutzt, ist dies nur unter den Voraussetzungen zulässig, unter denen ein Arzt selbst hierzu befugt wäre.

(8) Für einen anderen Zweck dürfen die besonderen Arten personenbezogener Daten (§ 3 Abs. 9) nur unter den Voraussetzungen des Absatzes 6 Nr. 1 bis 4 oder des Absatzes 7 Satz 1 übermittelt oder genutzt werden. Eine Übermittlung oder Nutzung ist auch zulässig, wenn dies zur Abwehr von erheblichen Gefahren für die staatliche und öffentliche Sicherheit sowie zur Verfolgung von Straftaten von erheblicher Bedeutung erforderlich ist.

(9) Organisationen, die politisch, philosophisch, religiös oder gewerkschaftlich ausgerichtet sind und keinen Erwerbszweck verfolgen, dürfen besondere Arten personenbezogener Daten (§ 3 Abs. 9) erheben, verarbeiten

oder nutzen, soweit dies für die Tätigkeit der Organisation erforderlich ist. Dies gilt nur für personenbezogene Daten ihrer Mitglieder oder von Personen, die im Zusammenhang mit deren Tätigkeitszweck regelmäßig Kontakte mit ihr unterhalten. Die Übermittlung dieser personenbezogenen Daten an Personen oder Stellen außerhalb der Organisation ist nur unter den Voraussetzungen des § 4a Abs. 3 zulässig. Absatz 3 Nr. 2 gilt entsprechend.

§ 29 Geschäftsmäßige Datenerhebung und -speicherung zum Zweck der Übermittlung

(1) Das geschäftsmäßige Erheben, Speichern oder Verändern personenbezogener Daten zum Zweck der Übermittlung, insbesondere wenn dies der Werbung, der Tätigkeit von Auskunfteien, dem Adresshandel oder der Markt- und Meinungsforschung dient, ist zulässig, wenn

1. kein Grund zu der Annahme besteht, dass der Betroffene ein schutzwürdiges Interesse an dem Ausschluss der Erhebung, Speicherung oder Veränderung hat, oder

2. die Daten aus allgemein zugänglichen Quellen entnommen werden können oder die verantwortliche Stelle sie veröffentlichen dürfte, es sei denn, dass das schutzwürdige Interesse

des Betroffenen an dem Ausschluss der Erhebung, Speicherung oder Veränderung offensichtlich überwiegt.

§ 28 Abs. 1 Satz 2 ist anzuwenden.

(2) Die Übermittlung im Rahmen der Zwecke nach Absatz 1 ist zulässig, wenn

1. a) der Dritte, dem die Daten übermittelt werden, ein berechtigtes Interesse an ihrer Kenntnis glaubhaft dargelegt hat oder

b) es sich um listenmäßig oder sonst zusammengefasste Daten nach § 28 Abs. 3 Nr. 3 handelt, die für Zwecke der Werbung oder der Markt- oder Meinungsforschung übermittelt werden sollen, und

2. kein Grund zu der Annahme besteht, dass der Betroffene ein schutzwürdiges Interesse an dem Ausschluss der Übermittlung hat.

§ 28 Abs. 3 Satz 2 gilt entsprechend. Bei der Übermittlung nach Nummer 1 Buchstabe a sind die Gründe für das Vorliegen eines berechtigten Interesses und die Art und Weise ihrer glaubhaften Darlegung von der übermittelnden Stelle aufzuzeichnen. Bei der Übermittlung im automatisierten Abrufverfahren obliegt die Aufzeichnungspflicht dem Dritten, dem die Daten übermittelt werden.

(3) Die Aufnahme personenbezogener Daten in elektronische oder gedruckte Adress-, Telefon-, Branchen- oder vergleichbare Verzeichnisse hat zu unterbleiben, wenn der entgegenstehende Wille des Betroffenen aus dem zugrunde liegenden elektronischen oder gedruckten Verzeichnis oder Register ersichtlich ist. Der Empfänger der Daten hat sicherzustellen, dass Kennzeichnungen aus elektronischen oder gedruckten Verzeichnissen oder Registern bei der Übernahme in Verzeichnisse oder Register übernommen werden.

(4) Für die Verarbeitung oder Nutzung der übermittelten Daten gilt § 28 Abs. 4 und 5.

(5) § 28 Abs. 6 bis 9 gilt entsprechend.

§ 33 Benachrichtigung des Betroffenen

(1) Werden erstmals personenbezogene Daten für eigene Zwecke ohne Kenntnis des Betroffenen gespeichert, ist der Betroffene von der Speicherung, der Art der Daten, der Zweckbestimmung der Erhebung, Verarbeitung oder Nutzung und der Identität der verantwortlichen Stelle zu benachrichtigen. Werden personenbezogene Daten geschäftsmäßig zum

Zweck der Übermittlung ohne Kenntnis des Betroffenen gespeichert, ist der Betroffene von der erstmaligen Übermittlung und der Art der übermittelten Daten zu benachrichtigen. Der Betroffene ist in den Fällen der Sätze 1 und 2 auch über die Kategorien von Empfängern zu unterrichten, soweit er nach den Umständen des Einzelfalles nicht mit der Übermittlung an diese rechnen muss.

(2) Eine Pflicht zur Benachrichtigung besteht nicht, wenn

1. der Betroffene auf andere Weise Kenntnis von der Speicherung oder der Übermittlung erlangt hat,

2. die Daten nur deshalb gespeichert sind, weil sie aufgrund gesetzlicher, satzungsmäßiger oder vertraglicher Aufbewahrungsvorschriften nicht gelöscht werden dürfen oder ausschließlich der Datensicherung oder der Datenschutzkontrolle dienen und eine Benachrichtigung einen unverhältnismäßigen Aufwand erfordern würde,

3. die Daten nach einer Rechtsvorschrift oder ihrem Wesen nach, namentlich wegen des überwiegenden rechtlichen Interesses eines Dritten, geheimgehalten werden müssen,

4. die Speicherung oder Übermittlung durch Gesetz ausdrücklich vorgesehen ist,

5. die Speicherung oder Übermittlung für Zwecke der wissenschaftlichen Forschung erforderlich ist und eine Benachrichtigung einen unverhältnismäßigen Aufwand erfordern würde,

6. die zuständige öffentliche Stelle gegenüber der verantwortlichen Stelle festgestellt hat, dass das Bekanntwerden der Daten die öffentliche Sicherheit oder Ordnung gefährden oder sonst dem Wohle des Bundes oder eines Landes Nachteile bereiten würde,

7. die Daten für eigene Zwecke gespeichert sind und

a) aus allgemein zugänglichen Quellen entnommen sind und eine Benachrichtigung wegen der Vielzahl der betroffenen Fälle unverhältnismäßig ist, oder

b) die Benachrichtigung die Geschäftszwecke der verantwortlichen Stelle erheblich gefährden würde, es sei denn, dass das Interesse an der Benachrichtigung die Gefährdung überwiegt, oder

8. die Daten geschäftsmäßig zum Zweck der Übermittlung gespeichert sind und

a) aus allgemein zugänglichen Quellen entnommen sind, soweit sie sich auf diejenigen Personen beziehen, die diese Daten veröffentlicht haben, oder

b) es sich um listenmäßig oder sonst zusammengefasste Daten handelt (§ 29 Abs. 2 Nr. 1 Buchstabe b) und eine Benachrichtigung wegen der Vielzahl der betroffenen Fälle unverhältnismäßig ist.

Die verantwortliche Stelle legt schriftlich fest, unter welchen Voraussetzungen von einer Benachrichtigung nach Satz 1 Nr. 2 bis 7 abgesehen wird.

§ 34 Auskunft an den Betroffenen

(1) Der Betroffene kann Auskunft verlangen über

1. die zu seiner Person gespeicherten Daten, auch soweit sie sich auf die Herkunft dieser Daten beziehen,

2. Empfänger oder Kategorien von Empfängern, an die Daten weitergegeben werden, und

3. den Zweck der Speicherung.

Er soll die Art der personenbezogenen Daten, über die Auskunft erteilt werden soll, näher bezeichnen. Werden die personenbezogenen Daten geschäftsmäßig zum Zweck der Übermittlung gespeichert, kann der Betroffene über Herkunft und Empfänger nur Auskunft verlangen, sofern nicht das Interesse an der Wahrung des Geschäftsgeheimnisses überwiegt. In diesem Fall ist Auskunft über Herkunft und Empfänger auch dann zu erteilen, wenn diese Angaben nicht gespeichert sind.

(2) Der Betroffene kann von Stellen, die geschäftsmäßig personenbezogene Daten zum Zwecke der Auskunftserteilung speichern, Auskunft über seine personenbezogenen Daten verlangen, auch wenn sie weder in einer automatisierten Verarbeitung noch in einer nicht automatisierten Datei gespeichert sind. Auskunft über Herkunft und Empfänger kann der Betroffene nur verlangen, sofern nicht das Interesse an der Wahrung des Geschäftsgeheimnisses überwiegt.

(3) Die Auskunft wird schriftlich erteilt, soweit nicht wegen der besonderen Umstände eine andere Form der Auskunftserteilung angemessen ist.

(4) Eine Pflicht zur Auskunftserteilung besteht nicht, wenn der Betroffene nach § 33 Abs. 2 Satz 1 Nr. 2, 3 und 5 bis 7 nicht zu benachrichtigen ist.

(5) Die Auskunft ist unentgeltlich. Werden die personenbezogenen Daten geschäftsmäßig zum Zweck der Übermittlung gespeichert, kann jedoch ein Entgelt verlangt werden, wenn der Betroffene die Auskunft gegenüber Dritten zu wirtschaftlichen Zwecken nutzen kann. Das Entgelt darf über die durch die Auskunftserteilung entstandenen direkt zurechenbaren Kosten nicht hinausgehen. Ein Entgelt kann in den Fällen nicht verlangt werden, in denen besondere Umstände die Annahme rechtfertigen, dass Daten unrichtig oder unzulässig gespeichert werden, oder in denen die Auskunft ergibt, dass die Daten zu berichtigen oder unter der Voraussetzung des § 35 Abs. 2 Satz 2 Nr. 1 zu löschen sind.

(6) Ist die Auskunftserteilung nicht unentgeltlich, ist dem Betroffenen die Möglichkeit zu geben, sich im Rahmen seines Auskunftsanspruchs persönlich Kenntnis über die ihn betreffenden Daten und Angaben zu verschaffen. Er ist hierauf in geeigneter Weise hinzuweisen.

§ 35 Berichtigung, Löschung und Sperrung von Daten

(1) Personenbezogene Daten sind zu berichtigen, wenn sie unrichtig sind.

(2) Personenbezogene Daten können außer in den Fällen des Absatzes 3 Nr. 1 und 2 jederzeit gelöscht werden. Personenbezogene Daten sind zu löschen, wenn

1. ihre Speicherung unzulässig ist,

2. es sich um Daten über die rassische oder ethnische Herkunft, politische Meinungen, religiöse oder philosophische Überzeugungen oder die Gewerkschaftszugehörigkeit, über Gesundheit oder das Sexualleben, strafbare Handlungen oder Ordnungswidrigkeiten handelt und ihre Richtigkeit von der verantwortlichen Stelle nicht bewiesen werden kann,

3. sie für eigene Zwecke verarbeitet werden, sobald ihre Kenntnis für die Erfüllung des Zwecks der Speicherung nicht mehr erforderlich ist, oder

4. sie geschäftsmäßig zum Zweck der Übermittlung verarbeitet werden und eine Prüfung jeweils am Ende des vierten Kalenderjahres beginnend mit ihrer erstmaligen Speicherung ergibt, dass eine längerwährende Speicherung nicht erforderlich ist.

(3) An die Stelle einer Löschung tritt eine Sperrung, soweit

1. im Fall des Absatzes 2 Nr. 3 einer Löschung gesetzliche, satzungsmäßige oder vertragliche Aufbewahrungsfristen entgegenstehen,

2. Grund zu der Annahme besteht, dass durch eine Löschung schutzwürdige Interessen des Betroffenen beeinträchtigt würden, oder

3. eine Löschung wegen der besonderen Art der Speicherung nicht oder nur mit unverhältnismäßig hohem Aufwand möglich ist.

(4) Personenbezogene Daten sind ferner zu sperren, soweit ihre Richtigkeit vom Betroffenen bestritten wird und sich weder die Richtigkeit noch die Unrichtigkeit feststellen lässt.

(5) Personenbezogene Daten dürfen nicht für eine automatisierte Verarbeitung oder Verarbeitung in nicht automatisierten Dateien erhoben, verarbeitet oder genutzt werden, soweit der Betroffene dieser bei der verantwortlichen Stelle widerspricht und eine Prüfung ergibt, dass das schutzwürdige Interesse des Betroffenen wegen seiner besonderen persönlichen Situation das Interesse der verantwortlichen Stelle an dieser Erhebung, Verarbeitung oder Nutzung überwiegt. Satz 1 gilt nicht, wenn

eine Rechtsvorschrift zur Erhebung, Verarbeitung oder Nutzung verpflichtet.

(6) Personenbezogene Daten, die unrichtig sind oder deren Richtigkeit bestritten wird, müssen bei der geschäftsmäßigen Datenspeicherung zum Zweck der Übermittlung außer in den Fällen des Absatzes 2 Nr. 2 nicht berichtigt, gesperrt oder gelöscht werden, wenn sie aus allgemein zugänglichen Quellen entnommen und zu Dokumentationszwecken gespeichert sind. Auf Verlangen des Betroffenen ist diesen Daten für die Dauer der Speicherung seine Gegendarstellung beizufügen. Die Daten dürfen nicht ohne diese Gegendarstellung übermittelt werden.

(7) Von der Berichtigung unrichtiger Daten, der Sperrung bestrittener Daten sowie der Löschung oder Sperrung wegen Unzulässigkeit der Speicherung sind die Stellen zu verständigen, denen im Rahmen einer Datenübermittlung diese Daten zur Speicherung weitergegeben werden, wenn dies keinen unverhältnismäßigen Aufwand erfordert und schutzwürdige Interessen des Betroffenen nicht entgegenstehen.

(8) Gesperrte Daten dürfen ohne Einwilligung des Betroffenen nur übermittelt oder genutzt werden, wenn

1. es zu wissenschaftlichen Zwecken, zur Behebung einer bestehenden Beweisnot oder aus sonstigen im überwiegenden Interesse der verantwortlichen Stelle oder eines Dritten liegenden Gründen unerläßlich ist und

2. die Daten hierfür übermittelt oder genutzt werden dürften, wenn sie nicht gesperrt wären.

§ 39 Zweckbindung bei personenbezogenen Daten, die einem Berufs- oder besonderen Amtsgeheimnis unterliegen

(1) Personenbezogene Daten, die einem Berufs- oder besonderen Amtsgeheimnis unterliegen und die von der zur Verschwiegenheit verpflichteten Stelle in Ausübung ihrer Berufs- oder Amtspflicht zur Verfügung gestellt worden sind, dürfen von der verantwortlichen Stelle nur für den Zweck verarbeitet oder genutzt werden, für den sie sie erhalten hat. In die Übermittlung an eine nicht-öffentliche Stelle muss die zur Verschwiegenheit verpflichtete Stelle einwilligen.

(2) Für einen anderen Zweck dürfen die Daten nur verarbeitet oder genutzt werden, wenn die Änderung des Zwecks durch besonderes Gesetz zugelassen ist.

Datenschutzadressen

Bundesdatenschutzbeauftragter

Der Bundesbeauftragte für den Datenschutz und die
Informationsfreiheit
Peter Schaar
Husarenstraße 30
53117 Bonn
Telefon: +49 (0)228-81995-0
Telefax: +49 (0)228-81995-550
E-Mail: poststelle@bfdi.bund.de

Aufsichtsbehörden Privatwirtschaft

Baden-Württemberg

Innenministerium Baden-Württemberg
- Referat Datenschutz -
Dorotheenstraße 6
70173 Stuttgart
Telefon: 0711/231-4
Telefax: 0711/231-5000
Datenschutz@im.bwl.de
http://www.im.baden-wuerttemberg.de

Bayern

Regierung von Mittelfranken
Bayerische Datenschutzaufsichtsbehörde
für den nicht-öffentlichen Bereich
Promenade 27
91511 Ansbach
Telefon: 0981/53-1301
Telefax: 0981/53-5301
datenschutz@reg-mfr.bayern.de
http://www.regierung.mittelfranken.bayern.de

Berlin

Berliner Beauftragter für Datenschutz und Informationsfreiheit
An der Urania 4-10
10787 Berlin
Telefon: 030/13 889-0
Telefax: 030/215-5050
mailbox@datenschutz-berlin.de
http://www.datenschutz-berlin.de

Brandenburg

Ministerium des Innern des Landes Brandenburg
Henning-von-Treskow-Straße 9 - 13
14467 Potsdam
Telefon: 0331/866-0
Telefax: 0331/866-2102
Datenschutz-Aufsicht-Bbg@t-online.de
http://www.mi.brandenburg.de

Bremen

Der Landesbeauftragte für Datenschutz und Informationsfreiheit der Freien Hansestadt Bremen
Arndtstraße 1
27570 Bremerhaven
Telefon: 0471/92461-0
Telefax: 0471/92461-31
office@datenschutz.bremen.de
http://www.datenschutz.bremen.de

Hamburg

Der Hamburgische Datenschutzbeauftragte
Klosterwall 6 (Block C)
20095 Hamburg
Telefon: 040/42854-4040
Telefax: 040/42854-4000
mailbox@datenschutz.hamburg.de
http://www.datenschutz.hamburg.de

Hessen

Regierungspräsidium Darmstadt
Dezernat Datenschutz
Luisenplatz 2
64283 Darmstadt
Telefon: 06151/12-0
Telefax: 06151/12-5794
Datenschutz@rpda.hessen.de
http://www.rp-darmstadt.hessen.de

Mecklenburg-Vorpommern

Der Landesbeauftragte für den Datenschutz Mecklenburg-Vorpommern
Schloß Schwerin
Johannes-Stelling-Str. 21
19053 Schwerin
Telefon: 0385/59494-0
Telefax: 0385/59494-58
datenschutz@mvnet.de
http://www.lfd.m-v.de

Niedersachsen

Der Landesbeauftragte für den Datenschutz Niedersachsen
Brühlstraße 9
30169 Hannover
Telefon: 05 11/120-45 01
Telefax: 05 11/120-45 99
poststelle@lfd.niedersachsen.de
http://www.lfd.niedersachsen.de

Nordrhein-Westfalen

Landesbeauftragte für Datenschutz und Informationsfreiheit
Nordrhein-Westfalen
Kavalleriestraße 2-4
40213 Düsseldorf
Telefon: 0211/38424-0
Telefax: 0211/38424-10
poststelle@ldi.nrw.de
http://www.ldi.nrw.de

Rheinland-Pfalz

Aufsichts- und Dienstleistungsdirektion (ADD) Trier
Willi-Brandt-Platz 3
54290 Trier
Telefon: 0651/9494-0
Telefax: 0651/9494-170
E-Mail: poststelle@add.rpl.de
http://www.add.rlp.de/add/index.jsp

Saarland

Ministerium für Inneres
Abteilung B/Referat B3
Mainzer Straße 136
66121 Saarbrücken
Telefon: 0681/962-0
Telefax: 0681/962-1605
datenschutz@innen.saarland.de
http://www.innen.saarland.de/

Sachsen

Der Sächsische Datenschutzbeauftragte
Bernhard-von-Lindenau-Platz 1
01067 Dresden
Telefon: 03 51/49 3-5401
Telefax: 03 51/49 3-5490
E-Mail: info@slt.sachsen.de
http://www.datenschutz.sachsen.de

Sachsen-Anhalt

Landesverwaltungsamt Sachsen-Anhalt
Willy-Lohmann-Straße 7
06114 Halle (Saale)
Telefon: 0345/514-0
Telefax: 0345/514-1444
poststelle@lvwa.sachsen-anhalt.de
http://www.landesverwaltungsamt.sachsen-
anhalt.de

Schleswig-Holstein

Unabhängiges Landeszentrum für Datenschutz
Schleswig-Holstein
Holstenstraße 98
24103 Kiel
Telefon: 0431/988-1200
Telefax: 0431/988-1223
mail@datenschutzzentrum.de
http://www.datenschutzzentrum.de

Thüringen

Thüringer Landesverwaltungsamt
Referat 200
Weimarplatz 4
99423 Weimar
Telefon: 0361/37-737258
Telefax: 0361/37-737346
poststelle@tlvwa.thueringen.de

Weitere nützliche Adressen

BVH Bundesverband des Deutschen Versandhandels
e.V.
Johann-Klotz-Str. 12
60528 Frankfurt
Tel.: 069/67 86 56-0
Fax: 069/67 86 56-29
info@vesandhandel.org
www.versandhandel.org

DDV
Deutscher Direktmarketing Verband e.V.
Hasengartenstr. 14
65189 Wiesbaden
Tel.: 0611/97793-0
Fax: 0611/97793-99
info@ddv.de
www.ddv.de

DDV Robinsonliste
Postfach 1401
71243 Ditzingen
www.ddv-robinsonliste.de

Freiwillige Selbstkontrolle Multimedia-
Diensteanbieter e.V. (FSM)
Geschäftsstelle
Spreeufer 5
10178 Berlin
Tel.: 030/ 24 04 84-30
Tel.: 030/ 24 04 84-59
office@fsm.de

Freiwillige Selbstkontrolle Telefonmehrwertdienste
e.V.
Geschäftsstelle
Liesegangstr. 10
40211 Düsseldorf
Tel.: 0211/ 31 12 09-0
Tel.: 0211/ 31 12 09-30
info@fst-ev.org
www.fst-ev.org

Bundesnetzagentur für Elektrizität, Gas, Telekom-
munikation, Post und Eisenbahnen (Bundesnetzagentur)
Verbraucherservice
Postfach 8001
53105 Bonn
Tel.: 01805/ 10 10 00 oder 030/22 48 05 00
Fax: 030/22 48 05 15
www.bundesnetzagentur.de

Verbraucherzentrale Bundesverband e.V.
Bundesverband der Verbraucherzentralen und Verbraucherverbände
Markgrafenstr. 66
10969 Berlin
Tel.: 030/258 00-0
Fax: 030/258 00-218
info@vzbv.de
www.vzbv.de

Zentrale zur Bekämpfung unlauteren Wettbewerbs e.V.
Landgrafenstr. 24 B
61348 Bad Homburg v.d.H.
Tel.: 06172/12 15-0
Fax: 06172/844 22
mail@wettbewerbszentrale.de
www.wettbewerbszentrale.de

Die Autorinnen

Die Datenschützerinnen Barbara Broers und Birgit Pauls beraten seit Jahren sowohl kleine und mittelständische Unternehmen als auch „ganz normale" Bürger in allen Fragen rund um Datenschutz und Datensicherheit. Beide Autorinnen betrachten dabei ihre Tätigkeit nicht nur als Beruf, sondern auch als Berufung. Für ihre Leidenschaft – einen qualitativ hochwertigen Datenschutz – engagieren sich Barbara Broers und Birgit Pauls in Datenschutzorganisationen und Fachverbänden.

Gemeinsame Webseite der Autorinnen:

www.datendiebe.com

Gemeinsame E-Mail – Adresse:

hallo@datendiebe.com

Als wir vor einigen Monaten mit der Arbeit an den „Datendieben" begannen, hatten wir unzählige Ideen und zahlreiche Fallbeispiele aus unserer täglichen Praxis (und immer noch werden es täglich mehr), die wir in unserem Buch gerne beleuchten wollten. Schnell stellte sich heraus, dass unsere Absicht, über wirklich alle Arten von Datenmissbrauch zu berichten, nicht in einem einzigen Buch umsetzbar war (allein das Inhaltsverzeichnis hätte mindestens acht Seiten belegt!). Gleichzeitig ändern sich die technischen Möglichkeiten für Datendiebe – aber auch die zu ihrer Abwehr – in immer kürzeren Abständen.

Hinzu kommt: Wir sind zwar durchaus praxiserfahren, aber nicht allwissend! Und genau aus diesem Grund freuen wir uns auf Ihre Hinweise, Tipps und Anregungen oder Ihre ganz persönlichen Erfahrungsberichte. Auch Lob oder Kritik sind willkommen (letzteres nicht ganz so sehr) und fließen in unsere Arbeit an Band 2 der Datendiebe mit ein.

Barbara Broers & Birgit Pauls

Bisher von den Autorinnen erschienen:

Datenschutz für Kleinunternehmen

erschienen im datakontext Fachverlag
1. Auflage 2007 (November 2007)
broschiert, 187 Seiten

ISBN-10:3895775134
ISBN-13: 978-3895775130

Das Buch ist für Kleinunternehmer, Freiberuf-
ler und Selbständige eine ideale Hilfe, sich
einen Überblick zu verschaffen, welche Pflich-
ten ihnen aus der Datenschutzgesetzgebung
entstehen. Es zeigt Wege auf, wie sie den
Datenschutz mit einem möglichst geringen
Aufwand an Zeit und Geld umsetzen können.
Checklisten, Musterformulare und Praxisbei-
spiele schaffen schnell umsetzbare Lösungen.